회사에
돈이 없는 이유

WHY THE COMPANY DOESN'T HAVE MONEY

회사에
돈이 없는 이유

문지성 지음

좋은땅

서문

● **CEO, CFO, CSO, CTO 등 C레벨들이 비즈니스 규칙을 알아야 하는 이유**

기업의 리더들은 비즈니스 운영의 중심에 서 있습니다. 이들의 결정은 회사의 재정 상태, 운영 효율성, 성장 가능성 등에 직접적인 영향을 미칩니다. 특히 중소기업의 경우, 자원이 한정되어 있어 리더들의 결정 하나하나가 매우 중요합니다. 하지만 많은 리더들이 비즈니스를 지배하는 기본적인 규칙들을 잘 알지 못하거나 제대로 적용하지 못하고 있습니다. 이로 인해 회사는 재정적 어려움에 직면하게 되고, 결국에는 생존과 성장이 위협받게 됩니다.

● **책의 목적은 대한민국 중소기업의 생존과 성장이다**

저는 세무사로 10년 넘게 일하면서 수천 명의 사업 리더들을 만났고 함께 일하였습니다.

리더들의 대부분은 사업이 생각한 대로 되는 법은 절대 없고 하면

할수록 사업은 어렵다고 이야기합니다.

저도 같은 생각입니다.

소수의 리더들만이 성공을 합니다.

제가 경험한 이 소수의 리더들은 비즈니스를 지배하는 규칙을 이미 잘 이해하고 있습니다.

이 책의 목적은 대한민국 중소기업의 리더들이 비즈니스 운영에 필요한 6가지 기본 규칙을 이해하고, 이를 통해 재정적인 안정과 성장을 이루도록 돕는 것입니다. 널리 알려진 기업이 만든 실질적인 사례와 연구 논문을 통해 이 규칙들이 왜 중요한지, 어떻게 적용해야 하는지를 명확히 제시하고자 합니다. 이를 통해 대한민국 중소기업이 더 강하고 지속 가능한 성장을 이루기를 기대합니다.

회사에 돈이 없는 이유

목차

규칙 3 지출 시스템을 완벽히 지배해야 한다

규칙 4 리더가 조세를 무시하면 소송이 항상 따라다닌다

매출을 늘리는 마법,
재구매와 자금 조달

매출 증대는 모든 기업이 목표로 삼는 가장 중요한 과제 중 하나입니다. 매출을 증대시키기 위해서는 단순히 새로운 고객을 유치하는 것뿐만 아니라, 기존 고객이 지속적으로 제품이나 서비스를 재구매하도록 만드는 것이 중요합니다. 본 장에서는 매출 볼륨에 영향을 미치는 주요 변수와 재구매의 중요성, 그리고 대출과 투자 등 자금 조달의 활용을 통해 매출을 증대시키는 방법을 사례와 함께 살펴보겠습니다.

회사에 돈이 없는 이유

| 1 |

매출 볼륨에 영향을 미치는 변수들

1) 단가(x)

단가는 제품이나 서비스의 가격을 의미하며, 이는 기업의 매출과 수익성에 직접적인 영향을 미칩니다. 적절한 가격 설정은 매우 중요하며, 이는 시장 조사와 경쟁 분석을 통해 이루어져야 합니다.

사례 **애플의 프리미엄 가격 전략**

애플은 아이폰, 아이패드와 같은 제품에 프리미엄 가격 전략을 적용하고 있습니다. 고가의 제품이지만 높은 품질과 브랜드 가치를 통해 고객의 충성도를 확보하였고, 이를 통해 높은 매출을 유지하고 있습니다.

2) 수량(y)

수량은 판매된 제품이나 서비스의 총량을 의미합니다. 수량을 늘리기 위해서는 제품의 품질 개선, 효과적인 마케팅 전략, 그리고 고객의 니즈를 충족시키는 다양한 제품 라인업이 필요합니다.

사례 **스타벅스의 확장 전략**

스타벅스는 매장 수를 지속적으로 늘려 고객 접근성을 높이고, 다양한 메뉴를 통해 고객의 선택 폭을 넓혔습니다. 이를 통해 전체 판매 수량을 증가시켰고, 이는 매출 증대로 이어졌습니다.

3) 빈도(z)

빈도는 고객이 제품이나 서비스를 구매하는 횟수를 의미합니다. 높은 빈도를 유지하기 위해서는 고객 만족도를 높이고, 재구매를 유도하는 전략이 필요합니다. 예를 들어 음식점에서 회전율(turnover rate)은 매우 중요한 개념으로, 이는 식당이 얼마나 자주 테이블을 회전시키고 손님을 맞이하는지를 나타냅니다.

사례 **아마존 프라임 멤버십**

아마존은 프라임 멤버십을 통해 고객이 더 자주 구매하도록 유도하고 있습니다. 무료 배송, 프라임 비디오 등의 혜택을 제공하여 고객이 지속적으로 아마존을 이용하도록 만듭니다. 이를 통해 재구매 빈도가 높아져 매출이 증가하였습니다.

2

재구매의 중요성

재구매는 매출을 안정적으로 유지하고 증가시키는 중요한 요소입니다. 대부분의 기업가들이 단가와 가격에 대해서는 중요성을 이미 알고 있습니다. 다만 매출 빈도에 영향을 미치는 재구매의 중요성은 잘 알지 못하는 것 같습니다. 새로운 고객을 유치하는 것보다 기존 고객을 유지하는 것이 비용 효율적이라는 사실을 이해해야 합니다.

1) 고객 리텐션의 중요성

고객 리텐션은 기존 고객이 지속적으로 제품이나 서비스를 이용하도록 만드는 것을 의미합니다. 높은 고객 리텐션율은 재구매 빈도를 증가시켜 매출을 증대시킬 수 있습니다.

사례 넷플릭스의 구독 모델
넷플릭스는 월정액 구독 모델을 통해 고객을 유지하고 있습니다. 다양한 콘텐츠와 개인 맞춤형 추천 시스템을 통해 고객 만족도를 높이고, 이를 통해 높은 고객 리텐션율을 유지하고 있습니다.

2) 회전율에 따라 달라지는 매출의 천장

재구매가 빈도에 미치는 영향은 매우 큽니다. 회전율이 높을수록 연매출의 천장이 높아지며, 이는 기업의 안정적인 성장을 보장합니다.

예를 들어 음식점을 경영한다면, 판매하는 제품에 따라 회전율은 크게 차이가 날 수 있습니다. 이는 제품의 준비 시간, 제공 속도, 소비 시간 등에 영향을 받기 때문입니다.

회전율을 높이기 위해서는 판매 제품의 특성에 맞는 전략을 사용하는 것이 중요합니다. 패스트푸드점은 메뉴 단순화와 효율적인 주문 시스템을, 캐주얼 다이닝은 예약 관리와 빠른 결제 시스템을, 고급 레스토랑은 테이블 배치와 고객 유도를 통해 회전율을 높일 수 있습니다.

· 패스트푸드 레스토랑: 빠른 준비와 소비 시간 → **높은 회전율**

패스트푸드점에서는 버거, 감자튀김, 음료 같은 간단한 메뉴를 주로 판매합니다. 이러한 음식들은 빠르게 조리되고, 고객이 소비하는 시간도 짧습니다. 예를 들어, 햄버거 한 개를 주문하면 몇 분 내로 제공되고, 고객은 대개 10~15분 안에 식사를 마칩니다. 이로 인해 테이블 회전율이 매우 높습니다. 하루에 여러 번 테이블을 회전시킬 수 있어 수익성이 높아집니다.

- 캐주얼 다이닝 레스토랑: 중간 정도의 준비와 소비 시간 → **중간 회전율**

캐주얼 다이닝 레스토랑에서는 파스타, 샐러드, 스테이크 등 다양한 음식을 판매합니다. 이곳의 음식들은 패스트푸드보다 조리 시간이 더 길고, 고객이 식사를 즐기는 시간도 더 깁니다. 예를 들어, 스테이크 한 접시는 준비와 조리에 20~30분 정도 걸리고, 고객이 식사를 마치는 데는 1시간 이상이 걸릴 수 있습니다. 따라서 테이블 회전율은 패스트 푸드점보다 낮습니다.

- 고급 레스토랑: 긴 준비와 소비 시간 → **낮은 회전율**

고급 레스토랑에서는 코스 요리나 특별한 메뉴를 제공합니다. 이런 음식들은 조리 시간이 길고, 고객이 식사를 즐기는 시간도 길기 때문에 테이블 회전율이 가장 낮습니다. 예를 들어, 3코스 또는 5코스 메뉴는 식사 전체에 2시간 이상이 걸릴 수 있습니다. 이로 인해 하루에 테이블을 여러 번 회전시키기 어렵습니다.

사례 1 쿠팡의 로켓 배송 서비스

쿠팡은 **빠른** 배송 서비스를 통해 고객의 재구매를 촉진하고 있습니다. 고객이 원하는 제품을 빠르게 받을 수 있어 재구매 빈도가 높아지고, 이는 연매출 증가로 이어졌습니다.

사례 2 넷플릭스의 고객 리텐션 전략

넷플릭스는 다양한 콘텐츠를 지속적으로 제공하고, 고객의 선호도에 맞춘 추천 시스템을 통해 높은 고객 만족도를 유지하고 있습니다. 이를 통해 고객의 재구매 빈도가 증가하였고, 결국 연매출이 크게 상승하였습니다.

사례 3 스타벅스의 로열티 프로그램

스타벅스는 고객 충성도를 높이기 위해 스타벅스 리워드 프로그램을 도입하였습니다. 이 프로그램을 통해 고객이 음료나 음식을 구매할 때마다 포인트를 적립하고, 적립된 포인트로 무료 음료나 음식을 제공받을 수 있습니다. 이를 통해 고객의 재구매율이 상승하였고, 매출 증대로 이어졌습니다.

회사에 돈이 없는 이유

3

대출과 투자도 수입이다

대출과 투자는 기업의 중요한 수입원입니다. 이를 통해 필요한 자금을 조달하고, 사업을 확장할 수 있습니다.

1) 대출과 투자의 차이

대출은 금융 기관으로부터 자금을 빌려 오는 것이며, 일정 기간 후에 원금과 이자를 상환해야 합니다. 반면, 투자는 주주들에게 자본을 제공받아 지분을 제공하고 장기적인 기업의 성장을 도모하는 것입니다.

대출은 회계상 부채로 분류되고, 투자는 회계상 자본으로 분류됩니다. 이 분류는 밑에서 설명할 ROE(자기 자본 이익률)에 영향을 미치게 됩니다.

사례 테슬라의 자본 조달

테슬라는 초기 자본 조달을 위해 여러 차례의 투자를 유치하였습니다. 이를 통해 장기적인 성장을 위해 전기차 개발과 생산 능력을 확장하였고, 현재는 글로벌 자동차 시장에서 중요한 위치를 차지하고 있습니다.

2) 대출과 투자의 올바른 활용 시점

대출과 투자는 기업의 재정 상태와 성장 전략에 따라 다르게 활용되어야 합니다. 단기적인 자금 부족을 해결하기 위해서는 대출이 적합할 수 있으며, 장기적인 성장과 대규모 프로젝트를 위해서는 투자가 더 나은 선택일 수 있습니다.

3) 자금 조달 성공 사례

한 스타트업은 생산 설비를 확장하기 위해 은행에서 대출을 받았습니다. 이를 통해 생산 능력을 확장하고, 매출 증대를 이룰 수 있었습니다. 발생된 금융 비용 대비 수익 증대의 크기가 크다면 대출을 잘 활용한 것이라고 볼 수 있습니다.

4) 투자 수익률(ROI) 및 자기 자본 이익률(ROE)

투자 수익률(ROI)은 투자로 인한 수익을 측정하는 지표이며, 자기 자본 이익률(ROE)은 기업의 자기 자본 대비 순이익을 나타내는 지표입니다. 이 두 지표는 대출과 투자 결정의 중요한 기준이 됩니다.

(1) ROI란: (Return on Investment, 투자 수익률) = (투자 이익/투자 비용) × 100%

ROI는 투자로 인해 얻은 수익을 평가하는 데 사용되는 지표입니다. ROI는 투자에 투입한 비용 대비 얻은 수익의 비율을 나타내며, 투자 성과를 비교하고 평가하는 데 유용합니다.

· 투자 수익률: 특정 투자에서 발생한 이익 또는 손실을 측정하는 비율입니다. ROI는 투자로 얻은 순이익을 투자 비용으로 나눈 값에 100을 곱하여 백분율로 나타냅니다.

· ROI는 투자 성과를 평가하고 다양한 투자 옵션을 비교하는 데 중요한 역할을 합니다. 높은 ROI는 투자 성과가 좋음을 나타내고, 낮은 ROI는 투자 성과가 저조함을 의미합니다.

ROI(Return on Investment)가 높은 기업들로는 몇 가지 대표적인 예시가 있습니다.

① 애플(Apple): 이 회사는 매우 높은 ROI를 기록하며, 업계 최고의 수익성을 자랑합니다.

② 마이크로소프트(Microsoft): 지속적인 혁신과 클라우드 서비스

확장 덕분에 높은 ROI를 유지하고 있습니다.

③ 엔비디아(NVIDIA): 그래픽 처리 장치(GPU)와 AI 기술의 선두 주자로서 높은 수익률을 기록하고 있습니다.

ROI가 낮은 경우 이를 높이기 위해 다음과 같은 조치를 취할 수 있습니다.

① 비용 절감: 운영 비용을 줄여 순이익을 증가시킵니다. 이는 효율적인 운영과 불필요한 지출을 줄이는 것을 포함합니다.

② 수익 증대: 매출을 늘리기 위해 마케팅 전략을 개선하거나 신제품을 출시합니다.

③ 가격 전략 수정: 제품이나 서비스의 가격을 재조정하여 마진을 높입니다.

④ 투자 재평가: 성과가 낮은 투자를 재검토하고, 수익성이 높은 투자로 자원을 재배치합니다.

⑤ 효율성 향상: 업무 프로세스와 생산성을 개선하여 더 적은 비용으로 더 많은 가치를 창출합니다.

(2) ROE란: (Return on Equity, 자기 자본 이익률)
= (순이익/자기 자본) × 100%

ROE는 기업의 순이익을 그 기업의 자기 자본으로 나눈 비율을 나타

회사에 돈이 없는 이유

내며, 기업이 주주의 자본을 얼마나 효율적으로 활용하여 수익을 창출하는지를 평가하는 지표입니다.

- 자기 자본 이익률: 특정 기간 동안 기업의 순이익이 주주의 자기 자본에 대해 어느 정도 비율로 발생했는지를 나타내는 지표입니다.
- 높은 ROE는 기업이 자본을 효과적으로 사용하고 있음을 나타내며, 투자자에게 매력적인 기업으로 보일 수 있습니다.
- 그러나 너무 높은 ROE는 과도한 부채 사용이나 일회성 수익으로 인한 것일 수 있으므로 주의가 필요합니다.

ROE(Return on Equity)가 높은 기업들로는 다음과 같은 회사들이 있습니다.

① 마이크로소프트(Microsoft): 소프트웨어 및 클라우드 서비스의 선두 주자로서, 꾸준한 수익성 증가를 통해 높은 ROE를 기록하고 있습니다(Simply Wall St).

② 메타 플랫폼즈(Meta Platforms, 이전의 페이스북): 광고 수익과 다양한 소셜 미디어 플랫폼의 성공으로 높은 자기 자본 이익률을 유지하고 있습니다(Simply Wall St).

③ 비자(Visa): 글로벌 결제 네트워크의 확장과 높은 거래량 덕분에 높은 ROE를 기록하고 있습니다(Simply Wall St).

④ 코스트코(Costco Wholesale): 효율적인 운영과 강력한 회원제 모델을 통해 높은 ROE를 유지하고 있습니다(Simply Wall St).

⑤ 퀄컴(Qualcomm): 반도체 및 통신 기술에서의 강력한 포지션 덕
분에 높은 자기 자본 이익률을 보이고 있습니다(Simply Wall St).

이러한 기업들은 각각의 산업에서 경쟁력을 갖추고 있으며, 이를 통해 주주들에게 높은 수익을 제공하고 있습니다. ROE가 높은 기업들은 일반적으로 자본을 효과적으로 사용하여 수익을 창출하는 능력이 뛰어납니다.

ROE(Return on Equity)가 낮을 경우 이를 개선하기 위해 다음과 같은 조치를 취할 수 있습니다.
① 수익성 개선:
· **매출 증가:** 새로운 제품이나 서비스 출시, 시장 확대, 마케팅 전략 강화 등을 통해 매출을 증대시킵니다.
· **비용 절감:** 운영 효율성을 높이고 불필요한 비용을 절감하여 순이익을 증가시킵니다(Simply Wall St).
② 자본 효율성 개선:
· **자본 구조 최적화:** 부채를 적절히 활용하여 자기 자본 대비 높은 수익을 창출할 수 있도록 자본 구조를 재조정합니다.
· **자산 관리 개선:** 저수익 자산을 매각하고 고수익 자산에 재투자하여 자산 효율성을 높입니다(Investopedia).
③ 영업 마진 개선:

회사에 돈이 없는 이유

- **가격 전략 수정:** 제품이나 서비스의 가격을 조정하여 마진을 높입니다.
- **원가 절감:** 원재료 비용을 낮추거나 생산 공정을 개선하여 원가를 절감합니다.

④ 재무 전략 강화:

- **배당 정책 재검토:** 배당금을 재투자하여 자본을 늘리고, 이를 통해 더 높은 수익을 창출합니다.
- **주식 재매입:** 자사주를 매입하여 주주 가치와 ROE를 높이는 방법도 고려할 수 있습니다(Simply Wall St, Investopedia).

⑤ 경영 효율성 증대:

- **효율적인 경영진 및 직원 교육:** 경영진과 직원의 역량을 강화하여 회사 운영의 효율성을 높입니다.
- **기술 도입:** 최신 기술을 도입하여 생산성과 운영 효율을 개선합니다.

이러한 전략들을 통해 기업은 ROE를 개선할 수 있으며, 이는 주주에게 더 높은 수익을 제공하고 기업의 장기적인 성장과 안정성을 도모할 수 있습니다.

사례 우버의 벤처 캐피털 투자

우버는 벤처 캐피털로부터 대규모 투자를 유치하고 대규모 자본을 통해 글로벌 시장으로 빠르게 확장할 수 있었습니다. 높은 투자 수익률을 기록하며 성공적인 성장을 이룰 수 있었습니다.

사례 자금 조달을 통한 매출 증대

대출과 투자를 통해 매출을 증대시킨 두 가지 사례를 살펴보겠습니다.

(1) 스타트업의 대출 활용 사례: IT스타트업 A의 성장 이야기

① 배경: 스타트업 A는 IT 기술을 기반으로 한 소프트웨어 개발 회사
로, 창업 초기에는 자체 자본으로 운영되었으나 빠르게 성장하기
위해 추가 자본이 필요했습니다. 코파운더와 지분을 나눠 가진
형태라 경영원 방어를 수월하게 하기 위해서 대표는 기업 대출을
적극적으로 활용하기로 결정했습니다.

② 대출 결정: 스타트업 A의 대표는 먼저 회사의 재무 상태를 철저
히 검토하고, 예상 매출과 비용을 기반으로 한 재정 계획을 세웠
습니다. 그런 다음, 여러 은행과 금융 기관을 비교하여 금리가 가
장 낮고 조건이 유리한 대출 상품을 선택했습니다. 이 과정에서
전문가의 조언과 정책 자금을 적극 활용했습니다.

③ 대출 활용: 대출금을 받은 후, 스타트업 A는 이 자금을 다음과 같
은 방식으로 전략적으로 사용했습니다.

회사에 돈이 없는 이유

- **연구 개발(R&D) 투자:** 제품의 품질을 향상시키고 새로운 기능을 개발하는 데 자금을 투입했습니다. 이는 경쟁력을 높이고 시장에서의 위치를 강화하는 데 큰 도움이 되었습니다.
- **인력 확충:** 우수한 개발자와 마케팅 전문가를 채용하여 팀을 확장했습니다. 이를 통해 생산성을 높이고, 보다 효율적으로 시장에 접근할 수 있었습니다.
- **마케팅 및 홍보:** 브랜드 인지도를 높이기 위해 다양한 마케팅 캠페인을 진행하고, 고객과의 접점을 늘리기 위한 홍보 활동을 강화했습니다.

④ 결과: 대출금을 전략적으로 사용한 결과, 스타트업 A는 단기간 내에 매출이 크게 증가하고, 시장에서의 입지를 확고히 다질 수 있었습니다. 또한, 초기 대출금을 상환하는 데 어려움이 없을 정도로 안정적인 수익을 창출할 수 있었습니다. 이를 통해 추가적인 투자 유치에도 성공하며 지속적인 성장을 이뤄 냈습니다.

⑤ 교훈: 이 사례는 기업 대출을 통해 성장 동력을 얻을 수 있음을 보여 줍니다. 중요한 것은 대출을 받은 후 자금을 어떻게 효율적으로 사용하느냐에 달려 있습니다. 철저한 계획과 전략적인 자금 활용이 성공의 열쇠가 됩니다.

(2) 성공적인 투자 활용 사례: 스타트업 B의 성장 이야기

① 배경: 스타트업 B는 헬스케어 분야에서 혁신적인 모바일 애플리케이션을 개발한 회사입니다. 이 앱은 사용자들이 건강 상태를 모니터링 하고, 개인 맞춤형 건강 조언을 제공하는 기능을 가지고 있었습니다. 그러나 초기에는 자본 부족으로 인해 제품 개발과 마케팅에 어려움을 겪고 있었습니다.

② 초기 투자 유치 준비: B의 창업자는 투자자들을 설득하기 위해 철저한 준비 과정을 거쳤습니다:

· **철저한 사업 계획서 작성:** 제품의 비전, 목표 시장, 성장 가능성 등을 명확하게 제시하는 사업 계획서를 준비했습니다.

· **장기적인 전략 수립:** 초기 자금 사용 계획뿐만 아니라 향후 3~5년 동안의 성장 전략과 목표를 상세히 제시하는 장기 계획을 수립했습니다. 여기에는 기술 개발 로드맵, 시장 확장 전략, 예상 수익 모델 등이 포함되었습니다.

· **프로토타입 및 사용자 피드백:** 초기 버전의 애플리케이션을 개발하고, 이를 소규모 사용자 그룹에게 테스트하여 긍정적인 피드백을 수집했습니다. 이를 통해 제품의 시장성을 증명했습니다.

· **네트워킹:** 창업자는 다양한 스타트업 행사와 투자자 네트워킹 이벤트에 참석하여 적극적으로 투자자를 찾았습니다.

결국, 루핀은 엔젤 투자자와 벤처 캐피털로부터 첫 번째 시드 펀딩을 유치하는 데 성공했습니다.

③ 투자 활용: B사는 투자 유치한 자금을 다음과 같이 전략적으로 활용했습니다.

· **기술 개발:** 사용자 경험을 향상시키기 위해 앱의 기능을 개선하고, 추가적인 헬스케어 데이터를 분석할 수 있는 AI 알고리즘을 개발했습니다.

· **팀 확장:** 우수한 개발자, 데이터 과학자, 마케팅 전문가를 채용하여 팀을 확장했습니다. 이를 통해 더 빠른 개발과 효과적인 마케팅이 가능해졌습니다.

· **마케팅 및 브랜드 구축:** 소셜 미디어, 검색 엔진 광고, 그리고 헬스케어 관련 인플루언서를 통한 마케팅 캠페인을 진행하여 브랜드 인지도를 높이고, 많은 신규 사용자를 유치했습니다.

④ 장기적인 계획 실행: 루핀은 초기 투자금을 효과적으로 사용하여 다음과 같은 장기적인 계획을 실행에 옮겼습니다.

· **제품 확장:** 사용자 피드백을 반영하여 지속적으로 앱을 업데이트하고 새로운 기능을 추가했습니다.

· **글로벌 시장 진출:** 해외 시장 진출을 위한 현지화 작업과 글로벌 마케팅 전략을 수립했습니다.

· **추가 투자 유치:** 초기 성과를 바탕으로 시리즈 A 라운드에서 추가적인 벤처 캐피털 투자를 유치하였으며, 이는 더욱 큰 규모의 성장과 혁신을 가능하게 했습니다.

⑤ 결과: 투자금을 전략적으로 사용한 결과, 루핀은 사용자 수가 급격히 증가하고, 헬스케어 앱 시장에서 중요한 플레이어로 자리잡게 되었습니다. 또한, 투자자들로부터 추가적인 후속 투자를 계속해서 유치하며 지속적인 성장을 이어 갔습니다.

⑥ 교훈: 이 사례는 초기 스타트업이 투자 유치를 통해 어떻게 성장할 수 있는지를 보여 줍니다. 성공적인 투자 활용의 핵심은 철저한 장단기 계획, 전략적인 자금 사용, 그리고 지속적인 혁신입니다. 특히, B사는 장기적인 계획을 수립하고 이를 바탕으로 투자금을 효과적으로 사용하여 회사의 가치를 극대화했고, 이는 장기적인 성장의 기반이 되었습니다.

판매 가격 설정의 비밀

판매 가격 설정은 기업의 성공에 있어 매우 중요한 요소입니다. 사업 전략에 따라 판매 가격은 다르게 설정되어야 합니다. 규모의 경제를 통해 비용을 절감하고, 시장을 장악하는 전략과 수확 체감의 법칙을 통해 고유성과 희소성을 유지하여 이익을 극대화하는 전략 모두 각기 다른 장점이 있습니다. 여기서는 두 가지 주요 전략인 규모의 경제를 활용한 가격 파괴 시장 장악 전략과 수확 체감의 법칙을 활용한 이익 극대화 전략에 대해 알아보겠습니다.

　그리고 리소스가 부족한 중소기업들은 어떻게 판매 가격을 설정하고 있는지 소개하려고 합니다.

| 1 |

규모의 경제를 활용한
가격 파괴 시장 장악 전략

규모의 경제는 생산량이 증가할수록 단위당 생산 비용이 감소하는 현상을 말합니다. 이는 대규모 생산을 통해 고정 비용을 분산시키고, 효율성을 높여 경쟁력 있는 가격을 설정할 수 있게 합니다.

● 이론적 배경

규모의 경제는 여러 방식으로 나타날 수 있습니다. 첫째, 생산 공정에서의 효율성 증가입니다. 대규모 생산을 통해 기업은 생산 기술을 개선하고, 생산 공정을 최적화할 수 있습니다. 둘째, 대량 구매를 통한 비용 절감입니다. 대량으로 원재료를 구매하면 공급업체와의 협상력을 높여 더 낮은 가격에 구매할 수 있습니다. 셋째, 고정 비용의 분산입니다. 대규모 생산을 통해 연구 개발비, 설비 투자비 등의 고정 비용을 분산시켜 단위당 비용을 낮출 수 있습니다.

사례 1 아마존의 규모의 경제 활용 사례: 낮은 판매 가격 설정

· **배경:** 아마존은 온라인 소매업의 선두 주자로서, 다양한 제품을 저렴한 가격에 제공하여 시장을 장악해 왔습니다.

● **구체적인 전략**

· **대규모 물류 센터:** 아마존은 전 세계에 수많은 대형 물류 센터를 운영하여 제품을 대량으로 저장하고 빠르게 배송합니다. 이러한 물류 센터는 최신 기술과 자동화 시스템을 갖추고 있어, 운영 비용을 절감하고 효율성을 극대화합니다. 예를 들어, 로봇을 활용한 자동화 창고 시스템은 재고 관리와 물류 처리 속도를 크게 향상시켰습니다.

· **기술 투자:** 아마존은 지속적으로 기술에 투자하여 운영 효율성을 높이고 있습니다. 인공지능(AI)과 머신 러닝을 통해 고객의 구매 패턴을 분석하고, 개인 맞춤형 추천 서비스를 제공하여 판매를 촉진합니다. 또한, 클라우드 컴퓨팅 서비스인 AWS(Amazon Web Services)를 통해 자사뿐만 아니라 외부 기업에도 서비스를 제공하여 수익을 창출하고 있습니다.

· **구독 서비스:** 아마존 프라임과 같은 구독 서비스를 통해 안정적인 수익원을 확보하고, 고객 충성도를 높입니다. 아마존 프라임은 무료 배송, 스트리밍 서비스, 독점 할인 혜택 등을 제공하여 고객들이 계속해서 아마존을 이용하도록 유도합니다.

회사에 돈이 없는 이유

- 전략의 효과
- **매출 성장과 순이익 증가:** 기술 투자와 물류 시스템 개선이 매출 성장에 큰 영향을 미치었습니다.
- **물류 비용 감소:** 물류 시스템을 개선하면서 물류 비용이 감소하였습니다. 자동화 시스템 도입 전후의 비용 변화를 통해 효율성이 크게 증대되었습니다.

사례 2 월 마트의 대량 구매와 유통망 사례
- **배경:** 월 마트는 세계 최대의 오프라인 소매업체로서, 대량 구매를 통해 제품을 저렴하게 공급합니다.

- 구체적인 전략
- **대량 구매 협상력:** 월 마트는 공급업체와의 대량 구매 계약을 통해 단가를 낮춥니다. 월 마트의 구매 규모는 매우 크기 때문에 공급업체는 월 마트와의 거래를 매우 중요하게 생각합니다. 이를 통해 월 마트는 낮은 가격에 제품을 구매하여 소비자에게 저렴하게 제공할 수 있습니다.
- **효율적인 유통망:** 월 마트는 자체 유통망을 통해 제품을 신속하게 공급하고, 유통 비용을 절감합니다. 중앙 창고에서 각 매장으로 제품을 효율적으로 배분하며, 이를 통해 재고 관리 비용과 운송비를 절감합니다. 월 마트의 유통 시스템은 고도의 기술과 데이터 분석

을 바탕으로 운영됩니다.

· **데이터 분석:** 월 마트는 판매 데이터를 분석하여 수요 예측을 정확히 하고, 재고 관리를 최적화합니다. 이를 통해 불필요한 재고를 줄이고, 인기 제품의 재고를 충분히 확보하여 매출을 극대화합니다. 예를 들어, 특정 제품의 판매 추세를 분석하여 다음 시즌의 재고를 미리 준비함으로써 공급 부족 사태를 방지합니다.

• 전략의 효과

· **매출 성장과 순이익 증가:** 대량 구매 협상력과 유통망 효율화가 매출 성장에 큰 영향을 주었습니다.

· **구매 협상력에 따른 비용 절감:** 대량 구매를 통해 단가를 현저히 낮추었습니다. 공급업체와의 협상 전후의 가격 변화를 통해 비용 절감 효과가 발생되었습니다.

회사에 돈이 없는 이유

2

수확 체감의 법칙을 활용한 이익 극대화 전략

수확 체감의 법칙은 생산 요소의 투입량이 증가할수록 생산량 증가 폭이 점차 줄어드는 현상을 의미합니다. 이를 통해 제품의 희소성과 고유성을 유지하여 높은 이익을 창출할 수 있습니다.

● 이론적 배경

수확 체감의 법칙은 일반적으로 농업이나 제조업에서 자주 나타납니다. 초기에는 투입량 증가에 따라 생산량이 급격히 증가하지만, 일정 시점을 넘어서면 증가율이 점차 둔화됩니다. 이 법칙은 기업이 자원을 효율적으로 배분하고, 희소성을 유지하여 고부가가치 제품을 생산하는 전략에 유용하게 활용될 수 있습니다.

사례 1 에콜랩의 고품질 친환경 제품 사례
· **배경:** 에콜랩은 환경 친화적인 제품을 통해 프리미엄 시장을 공략합니다.

- 구체적인 전략
· **고품질 제품:** 에콜랩은 높은 품질의 원재료와 첨단 기술을 활용하여 제품을 생산합니다. 예를 들어, 생분해성 세제나 에너지 절약형 청소 장비와 같은 고품질 친환경 제품을 제공합니다. 이러한 제품들은 높은 생산 비용에도 불구하고, 소비자들에게 친환경적이고 안전한 제품으로 인식됩니다.
· **환경 친화성:** 지속 가능한 생산 방법과 친환경 포장재를 사용하여 브랜드 이미지를 제고합니다. 에콜랩은 환경 보호와 지속 가능한 경영을 핵심 가치로 삼고, 이를 통해 소비자들의 신뢰를 얻고 있습니다. 예를 들어, 재활용 가능한 포장재 사용, 에너지 절약형 생산 공정 도입 등 다양한 친환경 활동을 전개하고 있습니다.
· **프리미엄 가격 전략:** 고품질 제품에 대한 높은 가격을 책정하여 이익을 극대화합니다. 소비자들은 친환경 제품의 가치를 인정하고, 더 높은 가격을 기꺼이 지불합니다. 이를 통해 에콜랩은 고품질 제품에 대한 프리미엄 가격 전략을 성공적으로 실행하고 있습니다.

- 전략의 효과
· **매출 성장과 이익률 증가:** 고품질 친환경 제품이 판매 가격을 상승시켜 이익이 증가하였습니다.
· **친환경 제품을 통한 고가 가격 포지션 점유:** 환경 인식이 높아지면서 친환경 제품의 수요가 증가하였고 소비자들도 고가 제품임을

회사에 돈이 없는 이유

받아들여 매출이 상승하였습니다.

사례 2 루이비통의 프리미엄 제품 전략

· **배경:** 루이비통은 고급 패션 브랜드로서, 희소성과 고유성을 강조하여 높은 가격대를 유지합니다.

● **구체적인 전략**

· **한정판 제품:** 루이비통은 제한된 수량의 한정판 제품을 출시하여 희소성을 강조합니다. 예를 들어, 특정 디자이너와의 콜라보레이션 제품이나 특별한 이벤트를 기념하는 한정판 제품을 출시하여 소비자들의 관심을 끌고, 높은 가격에 판매합니다. 이러한 한정판 제품은 소비자들에게 소유욕을 자극하고, 브랜드의 희소성을 높입니다.

· **장인 정신:** 수작업으로 제작된 제품을 통해 고유한 가치를 부여합니다. 루이비통은 전통적인 수작업 방식과 현대적인 디자인을 결합하여 독창적이고 고급스러운 제품을 생산합니다. 장인 정신은 제품의 품질을 높이는 동시에, 소비자들에게 브랜드의 가치와 전통을 전달합니다.

· **브랜드 이미지:** 고급스러운 브랜드 이미지를 유지하며, 지속적인 마케팅을 통해 고객 충성도를 높입니다. 루이비통은 럭셔리 브랜드로서의 이미지를 유지하기 위해 고급 매장 인테리어, 독특한 마

케팅 캠페인, 유명 인사를 활용한 광고 등을 진행합니다. 이러한 마케팅 전략은 소비자들에게 브랜드의 고유성을 각인시키고, 충성 고객층을 형성하는 데 중요한 역할을 합니다.

- **전략의 효과**
- **높은 브랜드 충성도:** 루이비통의 프리미엄 제품 전략은 고객 충성도를 높이는 데 큰 효과가 있습니다. 한정판 제품 출시와 장인 정신을 강조한 제품 제작 방식은 소비자들에게 브랜드에 대한 신뢰와 가치를 전달합니다. 이로 인해 고객들은 루이비통 제품에 대한 높은 만족도를 느끼며, 반복 구매와 브랜드 충성도를 유지하게 되었습니다.
- **고수익 창출:** 루이비통의 프리미엄 가격 전략은 높은 이익 마진을 확보하는 데 효과적입니다. 한정판 제품과 장인 정신을 강조한 고급 제품은 소비자들에게 고유한 가치를 제공하여, 고가의 가격에도 불구하고 판매가 이루어집니다. 이는 루이비통의 높은 이익 마진을 가능하게 하며, 기업의 재무 안정성을 강화하였습니다.
- **브랜드 이미지 강화:** 고급스러운 브랜드 이미지를 지속적으로 유지하고 강화함으로써, 루이비통은 글로벌 시장에서의 경쟁력을 높입니다. 독특한 마케팅 캠페인과 유명 인사를 활용한 광고는 브랜드의 고유성과 고급스러움을 더욱 강조하며, 소비자들에게 강한 인상을 남겼습니다.

회사에 돈이 없는 이유

- **시장 지배력 강화:** 루이비통의 프리미엄 전략은 시장에서의 지배력을 강화하는 데도 효과적입니다. 고급 제품 라인과 한정판 제품 출시를 통해 시장에서의 독점적 위치를 유지하며, 경쟁사와의 차별화를 만들었습니다. 루이비통의 독창적이고 고유한 디자인 제품은 다른 브랜드가 쉽게 따라 할 수 없는 경쟁력을 갖추고 있습니다. 이는 시장에서 루이비통의 지배력을 강화하고, 소비자들이 루이비통을 선택하게 만듭니다.

- **장기적 성장 가능성 확보:** 루이비통의 전략은 단기적인 판매 성과뿐만 아니라, 장기적인 성장 가능성을 확보하는 데도 기여합니다. 브랜드 이미지와 고객 충성도를 지속적으로 강화함으로써, 루이비통은 지속 가능한 성장을 이룰 수 있었습니다.

3

리소스가 부족한 중소기업의
판매 가격 설정법

중소기업은 대기업에 비해 자원(재무, 인력, 기술 등)이 제한적입니다. 이익 극대화는 이러한 자원을 효율적으로 활용하고, 최소한의 비용으로 최대한의 결과를 얻는 데 도움이 됩니다. 리소스가 부족한 중소기업은 효과적인 가격 전략을 통해 시장에서 경쟁력을 확보해야 합니다. 틈새시장 공략을 통한 가치 기반 가격 설정, 저비용 운영을 통한 원가 기반 가격 설정, 협력 및 제휴를 통한 공동 마케팅 및 가격 설정, 초기 시장 침투 전략, 패키지 및 번들링 가격 전략 등 다양한 방법을 상황에 맞게 조합하여 적용하는 것이 중요합니다. 각 전략의 장단점을 이해하고, 자사의 강점과 시장 상황에 맞춘 전략을 선택하는 것이 성공적인 가격 설정의 핵심입니다.

1) 틈새시장 공략을 통한 가치 기반 가격 설정

리소스가 부족한 기업은 대기업과의 경쟁을 피하고, 특정 틈새시장을 공략하여 고유한 가치를 제공하는 전략을 선택해야 합니다. 따라서 프리미엄 가격을 설정하고, 높은 이익 마진을 확보해야 합니다.

개인적인 의견으로 중소기업이 취해야 할 가장 중요한 근본적인 가격 설정 방법이라고 생각하고 있습니다.

- **구체적인 방법**
  - **시장 조사:** 틈새시장을 철저히 조사하고, 소비자들의 니즈를 파악합니다.
  - **차별화된 가치 제공:** 독창적인 제품이나 서비스를 제공하여 소비자들에게 고유한 가치를 전달합니다.
  - **브랜드 구축:** 틈새시장에서 강력한 브랜드 이미지를 구축하여 소비자들의 신뢰를 얻습니다.

- **장점**
  - 경쟁이 적은 틈새시장에서 높은 가격을 설정할 수 있습니다.
  - 브랜드 충성도를 높여 안정적인 수익을 창출할 수 있습니다.

- **단점**
  - 틈새시장의 규모가 작아 성장에 한계가 있을 수 있습니다.
  - 소비자들에게 가치를 충분히 전달하기 위해 지속적인 마케팅이 필요합니다.

· 지역 문화와 전통을 반영한 독창적인 공예품을 제작하여 틈새시장
을 공략하고, 높은 가격을 설정합니다.

2) 저비용 운영을 통한 원가 기반 가격 설정

리소스가 부족한 기업은 비용을 최소화하면서 제품이나 서비스를
제공하여 경쟁력 있는 가격을 설정할 수 있습니다. 이를 위해 운영 효
율성을 극대화하고 불필요한 비용을 절감하는 것이 중요합니다.

- **구체적인 방법**
· **운영 비용 절감:** 재고 관리, 생산 공정, 물류 등의 운영 비용을 절감
합니다. 예를 들어, 재고 관리를 최적화하여 불필요한 재고를 줄이
고, 공급망을 효율적으로 관리합니다.
· **아웃소싱:** 생산이나 물류 등 특정 업무를 외부 전문 업체에 아웃소
싱하여 비용을 절감합니다.
· **기술 활용:** IT 기술을 활용하여 자동화 시스템을 도입하고, 인건비
를 절감합니다.

- **장점**
· 비용 절감을 통해 경쟁력 있는 가격을 설정할 수 있습니다.

· 안정적인 이익 마진을 확보할 수 있습니다.

• **단점**
· 초기 투자 비용이 발생할 수 있습니다.
· 운영 효율성을 지속적으로 관리해야 합니다.

사례 **소규모 제조 업체**
· 생산 공정을 자동화하고 재고 관리를 최적화하여 비용을 절감하
고, 저렴한 가격에 제품을 공급합니다.

3) 협력 및 제휴를 통한 공동 마케팅 및 가격 설정

리소스가 부족한 기업은 다른 기업과의 협력 및 제휴를 통해 공동
마케팅을 진행하고, 가격을 효율적으로 설정할 수 있습니다. 이를 통
해 마케팅 비용을 절감하고, 시장에서의 인지도를 높일 수 있습니다.

• **구체적인 방법**
· **협력 업체 선정:** 자사와 시너지를 낼 수 있는 협력 업체를 선정하여
공동 마케팅을 진행합니다.
· **공동 프로모션:** 협력 업체와 함께 공동 프로모션을 기획하고, 제품
이나 서비스를 패키지로 제공하여 가격을 설정합니다.

- **제휴 할인:** 협력 업체와의 제휴를 통해 소비자들에게 할인 혜택을 제공하여 판매를 촉진합니다.

- **장점**
- 마케팅 비용을 절감할 수 있습니다.
- 협력 업체와의 시너지를 통해 더 많은 소비자에게 접근할 수 있습니다.

- **단점**
- 협력 업체와의 이해관계 조율이 필요합니다.
- 공동 마케팅의 성과를 지속적으로 모니터링해야 합니다.

사례 **지역 농산물 생산자**
- 지역의 다른 농산물 생산자들과 협력하여 공동 마케팅을 진행하고, 패키지로 제품을 판매하여 가격을 설정합니다.

4) 초기 시장 침투 전략

리소스가 부족한 기업은 초기 시장 진입 시 빠르게 시장 점유율을 확보하는 전략을 사용할 수 있습니다. 이를 통해 소비자들에게 브랜드를 알리고, 안정적인 수익을 확보할 수 있습니다.

- 구체적인 방법
- **시장에 없는 제품 출시:** 틈새시장을 찾아 소비자가 필요한 제품을 만듭니다.
- **저가격 설정:** 초기에는 낮은 가격을 설정하여 소비자들의 관심을 끌고, 빠르게 시장 점유율을 확보합니다.
- **점진적 가격 인상:** 시장 점유율이 확보된 후, 점진적으로 가격을 인상하여 이익을 극대화합니다.
- **프로모션 활용:** 할인 쿠폰, 무료 샘플 제공 등의 프로모션을 활용하여 소비자들에게 접근합니다.

- 장점
- 빠르게 시장 점유율을 확보할 수 있습니다.
- 소비자들에게 브랜드를 알리기 좋습니다.

- 단점
- 초기에는 낮은 이익 마진을 감수해야 합니다.
- 초기 설정한 가격을 상승시킬 때 대규모 고객의 이탈 리스크가 있습니다.
- 경쟁사가 빠르게 대응할 수 있습니다.

신생 건강식품 업체

· 처음에는 저렴한 가격에 제품을 제공하여 소비자들에게 브랜드를
알리고, 점차 가격을 인상하여 수익을 극대화합니다.

5) 패키지 및 번들링 가격 전략

패키지 및 번들링 가격 전략은 여러 제품이나 서비스를 묶어 하나의
가격으로 제공하는 방식입니다. 이를 통해 소비자들에게 더 큰 가치를
제공하고, 동시에 자사 제품의 판매를 촉진할 수 있습니다.

- **구체적인 방법**
· **패키지 상품 구성:** 여러 제품이나 서비스를 묶어 패키지로 구성하
고, 단일 가격을 설정합니다.
· **번들링 할인:** 번들링된 제품이나 서비스에 대해 할인 혜택을 제공
하여 소비자들의 구매를 유도합니다.
· **상호 보완 제품:** 상호 보완적인 제품을 함께 제공하여 소비자들이
더 많은 가치를 느끼도록 합니다.

- **장점**
· 제품 판매를 촉진하고, 재고를 효율적으로 관리할 수 있습니다.
· 소비자들에게 더 큰 가치를 제공하여 만족도를 높일 수 있습니다.

• 단점

· 번들링된 제품이 소비자들에게 모두 필요한 것이 아닐 수 있습니다.
번들링 가격 설정이 복잡할 수 있습니다.

사례 **화장품 소규모 브랜드**

· 스킨케어 제품을 묶어 패키지로 구성하고, 번들링 할인 혜택을 제
공하여 판매를 촉진합니다.

지출 시스템을
완벽히 지배해야 한다

고정비와 변동비

기업의 재정 관리를 위해 고정비와 변동비를 이해하는 것은 필수적입니다. 고정비와 변동비를 명확히 구분하면 비용 구조를 이해할 수 있으며, 이는 예산 계획과 지출 통제에 큰 도움이 됩니다.

· **고정비 관리:** 고정비는 매출에 관계없이 지속적으로 발생하므로, 이를 최소화하는 방법을 찾는 것이 중요합니다. 임대료, 급여, 보험료 등의 고정비를 효율적으로 관리하면 기업의 재무 건전성을 유지할 수 있습니다.

· **변동비 관리:** 변동비는 매출에 따라 변동하는 비용을 말하고, 이를 효과적으로 관리하면 근본적으로 비용 절감이 가능합니다. 원자재비, 포장비, 배송비 등의 변동비를 최적화하면 수익성을 높일 수 있습니다.

| 2 |

손익 분기점(BEP) 분석

손익 분기점(BEP) 분석은 기업이 수익을 내기 시작하는 지점을 파악하는 데 필수적인 도구입니다. BEP 분석을 통해 기업은 다음을 할 수 있습니다.

- 손익 분기점 = 고정 비용 / (판매 가격 - 변동 비용)
- **최소 판매 목표 설정:** 기업이 손익 분기점을 넘기 위해 필요한 최소 판매량을 알 수 있습니다. 이는 현실적인 목표 설정과 전략 수립에 도움이 됩니다.
- **가격 전략 수립:** BEP 분석을 통해 제품 가격을 어떻게 설정해야 하는지 결정할 수 있습니다. 가격이 너무 낮으면 손익 분기점을 넘기 어려워지고, 너무 높으면 시장 경쟁력이 떨어질 수 있습니다.
- **비용 구조 이해:** BEP 분석은 고정비와 변동비의 비율을 이해하게 해 줍니다. 이를 통해 비용 절감 방안을 모색할 수 있습니다.

손익 분기점 분석의 이해를 돕기 위해 사례로 설명드리겠습니다.

1) 고정 비용

매달 꼭 내야 하는 돈(예: 공장 임대료, 직원 월급): 월 10억 원

· 공장 임대료: 4억 원

· 직원 월급: 3억 원

· 기타 비용: 3억 원

2) 변동 비용

제품 하나를 만드는 데 드는 돈(예: 재료비, 제조비): 한 대당 50만 원

· 재료비: 30만 원

· 제조비: 20만 원

3) 판매 가격

제품 하나를 팔고 받는 돈: 한 대당 100만 원

· 판매가: 100만 원

● 손익 분기점 계산

계산을 해 보면: 10억 원 / (100만 원 - 50만 원) = 2,000대 = bep

한 달에 2,000대를 팔아야 본전이 된다는 분석을 할 수 있습니다.

회사에 돈이 없는 이유

| 3 |

예산 관리

효과적인 예산 관리가 필요한 이유는 무엇일까요? 예산 관리는 기업의 재무 안정성과 목표 달성에 핵심적인 역할을 합니다.

· **자원 배분:** 한정된 자원을 효율적으로 배분하여 최대한의 효과를 낼 수 있습니다. 이를 통해 기업의 성장과 발전을 도모할 수 있습니다.

· **지출 통제:** 예산을 통해 지출을 사전에 계획하고 통제할 수 있습니다. 이는 불필요한 지출을 막고, 예산 내에서 운영을 가능하게 합니다.

· **성과 평가:** 예산과 실제 지출을 비교하여 성과를 평가하고, 향후 계획에 반영할 수 있습니다. 이는 지속적인 개선과 효율성 증대를 가능하게 합니다.

그렇다면 어떻게 하면 예산 관리를 잘할 수 있을까요?
예산 관리를 잘하는 방법에는 여러 가지가 있습니다.

1) 목표 설정

구체적인 목표를 세우는 것이 중요합니다. 예산 관리는 단순히 비용을 줄이는 것이 아니라, 어떤 목표를 위해 얼마의 예산을 사용할지 계획하는 것입니다. 예를 들어, 연말까지 10%의 비용 절감을 목표로 삼을 수 있습니다.

2) 예산 계획 수립

세부적인 예산 계획을 세우는 것이 필요합니다. 다음과 같은 항목을 고려하세요.

- **고정 비용:** 매달 반복적으로 발생하는 비용 (예: 임대료, 월급)
- **변동 비용:** 생산량이나 활동에 따라 변동되는 비용 (예: 재료비, 마케팅 비용)
- **예상 수입:** 제품 판매나 서비스 제공으로 예상되는 수입

3) 실적과 비교

정기적으로 **실적**과 예산을 비교하여 **차이 분석**을 합니다. 이를 통해 예산 대비 실제 지출이 어떻게 이루어졌는지 확인할 수 있습니다. 예산을 초과하거나 남는 부분을 파악하여 필요한 조치를 취할 수 있습니다.

4) 예산 조정

예산 관리는 **유연성**이 필요합니다. 예기치 않은 상황이나 새로운 기회가 발생할 때, 예산을 재조정하는 것이 중요합니다. 예를 들어, 특정 프로젝트에서 추가 비용이 발생하면 다른 항목의 예산을 줄이는 방법으로 대응할 수 있습니다.

5) 비용 절감 방안 모색

비용을 줄이기 위한 다양한 방안을 찾아보세요.
- **공급업체 협상:** 공급업체와 협상하여 더 좋은 조건을 얻습니다.
- **자동화 도입:** 업무 프로세스를 자동화하여 인건비를 줄입니다.
- **불필요한 지출 줄이기:** 꼭 필요하지 않은 비용을 식별하고 줄입니다.

6) 모니터링과 보고

정기적으로 예산 상황을 모니터링하고, 이를 **보고**하는 시스템을 구축하세요. 이를 통해 예산 관리에 대한 투명성을 확보하고, 모든 관련자가 현재 상황을 파악할 수 있습니다.

7) 교육과 훈련

직원들에게 예산 관리의 중요성을 교육하고, 관련된 **훈련**을 제공하세요. 이를 통해 모든 직원이 예산 관리에 참여하고, 예산 절감을 위해 노력할 수 있습니다.

8) 예비비 확보

예기치 않은 상황에 대비하기 위해 **예비비**를 마련하는 것도 중요합니다. 이를 통해 긴급 상황에서도 안정적으로 대응할 수 있습니다.

| 4 |

지출 통제

지출 통제는 기업의 재정 건전성을 유지하고, 잘 조직된 결재 체계는 예산 내에서 자금 운영을 가능하게 합니다.

사전 결재가 많다면 불필요한 행정 요소가 많을 수 있고 사후 결재가 많다면 자금이 새는 요소가 있을 수 있으므로 두 가지 개념을 잘 이해하여 지출을 효율적으로 관리해야 합니다.

항목	사전 결재	사후 결재
개념	결재를 진행하기 전에 승인 절차를 완료하는 것	결재를 진행한 후 나중에 승인 절차를 받는 것
목적	활동 전에 승인받아 리스크를 줄이고 투명성 확보	활동 후에 결재를 통해 신속한 진행과 유연성 확보
적용 시점	업무 또는 지출이 발생하기 전에	업무 또는 지출이 발생한 후
장점	- 사전 통제 가능 - 투명한 절차 - 리스크 최소화	- 신속한 의사 결정 - 유연한 업무 진행 - 긴급 상황 대처 가능
단점	- 시간 소요 - 유연성 부족 - 절차의 번거로움	- 리스크 증가 가능성 - 사후 통제 어려움 - 문제 발생 시 책임 소재 불명확

주요 사용 사례	대규모 투자, 중요한 계약, 예산 승인 등	긴급 지출, 빠른 의사 결정이 필요한 상황 등
결재 속도	느림(승인 절차 필요)	빠름(사후 승인)
통제 수준	높음	낮음
관리 비용	높음(시간 및 자원 소요)	낮음

이 표는 사전 결재와 사후 결재의 주요 차이점을 명확히 보여 줍니다.

각각의 방식은 상황에 따라 장단점이 있으며, 기업이나 조직의 정책 및 운영 방식에 따라 적절히 선택하여 사용되어야 합니다.

회사에 돈이 없는 이유

5

실패 사례: 지출 시스템을 지배하지 못한 주요 실패 기업

1) 엔론(Enron)

엔론은 한때 미국에서 가장 혁신적인 에너지 기업으로 평가받았습니다. 그러나 2001년에 밝혀진 회계 부정과 경영진의 부패로 인해 기업은 파산했습니다.

- 엔론의 실패 요인
- **복잡한 회계 부정:** 엔론은 SPV(특수 목적 법인)를 이용해 부채와 손실을 숨기고, 자산과 수익을 과대 포장했습니다. 이는 지출과 수익을 제대로 관리하지 못했기 때문에 발생한 문제였습니다.
- **높은 고정비:** 엔론은 막대한 금액을 발전소 건설과 에너지 거래에 투자했지만, 이를 지탱할 충분한 수익을 창출하지 못했습니다.
- **변동비 관리 실패:** 에너지 가격의 변동성에 대한 대비가 부족하여,

갑작스러운 가격 하락 시 막대한 손실을 입었습니다.

2) 월드컴(WorldCom)

월드컴은 세계 최대의 통신 회사 중 하나였지만, 2002년 회계 부정 사건으로 파산했습니다.

- 월드컴의 실패 요인
- **비용 전가:** 월드컴은 실제로 발생한 운영비를 자산으로 처리하여, 비용을 과소 보고하고 수익을 과대 포장했습니다.
- **고정비 부담:** 급격한 인수 합병으로 인해 고정비가 급증했지만, 인수한 회사들이 기대만큼의 수익을 창출하지 못했습니다.
- **변동비 관리 부족:** 시장 변화와 경쟁 압력으로 인해 변동비가 급증했으나, 이를 효과적으로 통제하지 못했습니다.

6

성공 사례: 지출 통제를 통한
비용 절감 및 수익성 개선 사례

고정 지출 통제에 성공한 기업으로는 일본의 도요타 자동차(Toyota Motor Corporation)를 예로 들 수 있습니다. 도요타는 비용 절감을 위해 다양한 혁신적인 방법을 채택하여 고정 지출 통제에 큰 성공을 거두었습니다. 여기서는 사례를 중심으로 그 실행 방법을 자세히 설명하겠습니다.

도요타의 이러한 방법들은 고정 지출 통제에 큰 성과를 거두었으며, 다른 기업들도 이를 참고하여 자신들의 경영 방식에 도입할 수 있습니다.

1) 도요타의 고정 지출 통제 방법

① 린 생산 방식(Lean Production System)
· **개념:** 불필요한 자원 낭비를 최소화하고, 효율성을 극대화하는 생산 방식입니다.
· **실행 방법:** 도요타는 생산 공정에서 낭비 요소(시간, 재료, 인력)를 지속적으로 제거합니다. 예를 들어, 재고를 최소화하여 보관 비용

을 줄이고, 필요한 시점에 필요한 양만큼 생산하는 'Just-In-Time' 방식을 도입합니다.

② 지속적인 개선(Kaizen)

- **개념:** 지속적으로 작은 개선을 이루어 내는 철학입니다.
- **실행 방법:** 모든 직원이 개선 아이디어를 제안할 수 있도록 장려하고, 이를 실천합니다. 도요타는 이를 통해 작은 문제를 즉각 해결하고, 이를 통해 장기적으로 큰 비용 절감을 이루어 냅니다.

③ 표준 작업(Standardized Work)

- **개념:** 작업 방법을 표준화하여 효율성을 높이는 것입니다.
- **실행 방법:** 각 작업 단계마다 최적의 방법을 설정하고, 이를 모든 직원이 따르도록 합니다. 이를 통해 작업의 변동성을 줄이고, 효율성을 극대화합니다.

④ 자동화(Jidoka)

- **개념:** 자동화된 시스템에서 문제가 발생하면 즉시 멈추고, 사람의 개입을 통해 문제를 해결하는 방식입니다.
- **실행 방법:** 도요타는 생산 라인에 자동화를 도입하되, 문제가 발생하면 즉시 멈추고 원인을 분석하여 해결합니다. 이를 통해 대규모 결함을 방지하고, 품질 문제로 인한 비용 증가를 막습니다.

⑤ 비용 분석 및 관리(Cost Management)

- **개념:** 모든 비용을 철저히 분석하고 관리하는 것입니다.
- **실행 방법:** 도요타는 각 부서별로 비용을 분석하고, 비용 절감 목표

회사에 돈이 없는 이유

를 설정합니다. 이를 통해 각 부서가 자체적으로 비용을 절감할 수 있도록 합니다.

2) 삼성전자의 지출 통제 사례

삼성전자는 고정 지출을 효과적으로 통제하고, 글로벌 시장에서 경쟁력을 유지할 수 있었습니다. 이러한 사례는 다른 기업들에게도 중요한 시사점을 제공하며, 모범적인 사례로 평가받고 있습니다.

① 스마트 공장(Smart Factory)

· **개념:** 제조 과정에서 IoT, AI, 빅데이터 등을 활용하여 생산성을 극대화하고 비용을 절감하는 방식입니다.

· **실행 방법:** 삼성전자는 스마트 공장을 도입하여 생산 공정의 효율성을 높였습니다. 실시간 데이터를 통해 생산 과정을 모니터링하고, 문제 발생 시 신속히 대응하여 불필요한 지출을 최소화합니다.

② 6시그마(Six Sigma)

· **개념:** 통계적 방법을 활용하여 품질을 관리하고, 결함률을 줄여 비용을 절감하는 경영 기법입니다.

· **실행 방법:** 삼성전자는 6시그마 기법을 통해 생산 과정의 품질을 철저히 관리하고, 결함으로 인한 비용 증가를 방지합니다. 이를 통해 생산 효율성을 높이고 고정지출을 줄였습니다.

③ 글로벌 소싱(Global Sourcing)

· **개념:** 전 세계에서 가장 효율적이고 저렴한 공급업체를 찾아 자재를 조달하는 방식입니다.

· **실행 방법:** 삼성전자는 글로벌 소싱을 통해 자재 비용을 절감하고, 공급망 효율성을 높였습니다. 이를 통해 고정 지출을 효과적으로 통제하고 있습니다.

④ 비용 관리 시스템(Cost Management System)

· **개념:** 모든 비용을 체계적으로 분석하고 관리하는 시스템입니다.

· **실행 방법:** 삼성전자는 각 부서별로 비용을 철저히 분석하고, 절감 목표를 설정합니다. 정기적인 비용 검토를 통해 불필요한 지출을 줄이고, 효율적인 비용 관리를 실현합니다.

⑤ R&D 투자 효율화

· **개념:** 연구개발(R&D) 투자의 효율성을 극대화하여 비용을 절감하는 방식입니다.

· **실행 방법:** 삼성전자는 R&D 투자를 효율적으로 관리하여, 성공 가능성이 높은 프로젝트에 집중 투자합니다. 이를 통해 연구개발 비용을 절감하고, 신제품 개발의 성공률을 높입니다.

리더가 조세를 무시하면
소송이 항상 따라다닌다

조세는 복잡하고 어려울 수 있지만, 리더로서 조세를 이해하고 준수하는 것은 매우 중요합니다. 조세를 무시하면 법적 분쟁과 비용 증가의 위험이 큽니다. 이제 각 항목을 자세히 살펴보겠습니다.

조세 법률주의

조세 법률주의는 조세의 부과와 징수가 법률에 따라 이루어져야 한다는 원칙입니다. 이는 세금의 부과와 징수가 자의적으로 이루어지지 않도록 하기 위해서입니다.

대한민국 헌법 제59조

"조세의 종목과 세율은 법률로 정한다."

이 규정은 국민이 납부해야 하는 세금의 종류와 세율이 반드시 법률에 근거해야 함을 의미합니다. 이는 자의적인 세금 부과를 방지하고, 국민의 재산권을 보호하기 위한 중요한 헌법적 원칙입니다.

조세 법률주의의 핵심 요소는 다음과 같습니다.

① 납세 의무자: 세금을 납부해야 하는 사람이나 단체를 명확히 규정해야 합니다.

② 과세 표준: 세금이 부과되는 기준이 되는 금액이나 가치를 정의

해야 합니다.

③ 과세 대상: 세금이 부과되는 물건, 소득, 재산 등을 구체적으로 명
시해야 합니다.

④ 세율: 세금이 부과되는 비율이나 금액을 법률로 정해야 합니다.

세금을 걷기 위해서는 누가 납부하고 무엇에 대해서 납부하며 언제
얼마나 납부하는지 법률로 규정되어 있습니다. 용어가 어렵긴 하지만
큰 틀은 매우 단순합니다.

회사에 돈이 없는 이유

| 2 |

부가 가치세(VAT)

부가 가치세는 기업을 경영하는 사람이라면 꼭 알아야 할 개념입니다.

· **부가 가치세의 개념:** 최종 소비자가 부담하는 소비세의 한 형태로,
매출 공급가액(공급 가격의) 10%가 사업자에게 부과되지만 소비
자로부터 받아서 대신 납부하는 구조입니다.

· **부가 가치세의 계산:** 매출 세액에서 매입 세액을 공제하여 납부합
니다. 예를 들어, A회사가 제품을 판매하여 100만 원의 매출을 올
리고, 20만 원의 부가 가치세를 납부한 경우, 원재료 구입 시 납부
한 10만 원의 부가 가치세를 공제하여 최종적으로 10만 원만 납부
합니다.

· **부가 가치세의 중요성:** 정부의 중요한 세수원 중 하나로, 사업체 운
영 시 반드시 고려해야 합니다. 부가 가치세를 정확히 관리하지 않
으면 '거래의 이중성'으로 인하여 거래 상대방 세무 조사를 통해 불
법 행위가 적발될 확률이 높습니다.

• 거래의 이중성

거래의 이중성(doubleness of transactions)이란, 거래가 두 가지 이상의 측면이나 기능을 가질 수 있다는 개념을 의미합니다. 거래는 혼자할 수 없고 나와 거래 상대방이 반드시 연결되어 있다는 개념입니다.

사례

· A 기업이 B기업에게 제품을 판매하고, 고의로 매출을 과소계상하고 부가 가치세 신고를 이행하지 않은 경우, 이에 대해 세무 당국은 거래의 이중성을 통해 거래 상대방인 B기업 매입 장부와 세금계산서 수취 내역 조사하여 세금을 추징할 수 있습니다. 금액이 크고 고의성이 입증된다면 검찰에 고발될 수도 있습니다.

회사에 돈이 없는 이유

| 3 |

소득세

소득세는 개인이나 법인이 1년 동안 발생시킨 소득(매출-사업 경비)에 대해 부과되는 세금입니다.

세율과 경비의 인정은 개인과 법인에 따라 다르게 구성되어 있으므로 신고 전 세무 전문가와 꼭 상의를 해야 합니다.

· **소득세의 종류:** 개인소득세와 법인세로 나뉩니다. 개인 소득세는 근로 소득, 이자 소득, 배당 소득 등 개인의 소득에 대해 부과되며, 법인세는 법인의 소득에 대해 부과됩니다.

· **소득세 신고:** 정확한 소득세 신고는 세법적 문제를 피하는 데 필수적입니다. 소득세 신고를 성실히 이행하지 않는다면 세무 조사를 통해 가산세가 부과될 수 있습니다.

법인 사업자 법인세 세율 및 누진 공제(2024)

과세 표준(원)	세율(%)	누진 공제(원)	비고
2억 이하	10%	-	-
2억 초과 ~ 200억 이하	20%	2억 원까지 10% 적용분 공제	2억 초과분에 대해 20% 적용
200억 초과	22%	200억 원까지 20% 적용분 공제	200억 초과분에 대해 22% 적용

개인 사업자 법인세 세율 및 누진 공제(2024)

과세 표준(원)	세율(%)	누진 공제(원)
1,200만 원 이하	6%	-
1,200만 원 초과 ~ 4,600만 원 이하	15%	72만 원
4,600만 원 초과 ~ 8,800만 원 이하	24%	522만 원
8,800만 원 초과 ~ 1억5천만 원 이하	35%	1,490만 원
1억5천만 원 초과	38%	2,090만 원

| 4 |

원천세와 사회 보험의 이해와 관리

1) 원천세

원천세는 근로자를 채용한 경우 급여를 지급하는 기업이 소득세 원천 징수하여 납부하는 제도입니다.

· **원천세의 개념:** 근로 소득, 이자 소득 등에서 원천 징수됩니다. 예를 들어, E회사가 직원에게 급여를 지급할 때 원천세를 공제하고 이를 세무서에 납부합니다.

· **원천세의 관리:** 원천세를 정확히 징수하고 납부하는 방법. 원천세를 제대로 관리하지 않으면 법적 문제와 가산세가 부과될 수 있습니다.

2) 사회 보험

사회 보험은 정규직 근로자에게 부과되며, 국민의 건강과 생활 안정을 위한 보험입니다. 대부분의 사회 보험은 법적으로 가입이 의무화되어 있으며, 납부를 거부할 수 없습니다.

- **보험료 납부:** 보험료는 근로자와 사업주가 함께 부담하는 경우가 많으며, 개인 소득이나 사업 규모에 따라 다르게 책정됩니다.
- **연금과 산재 보험금 수취:** 보험료를 납부한 대가로, 특정 조건이 충족될 경우 국민연금이나 산재 보험금을 지급받게 됩니다.
- **사회적 보호:** 사회 보험은 국민의 생활 안정과 사회적 보호를 강화하기 위해 설계된 제도로, 공공의 이익을 우선시합니다.
- **사회 보험의 종류:** 건강 보험, 국민 연금, 고용 보험, 산재 보험 등. 각각의 보험료는 요율에 따라 다르게 부과됩니다.
- **사회 보험 관리:** 사회 보험료의 정확한 계산과 납부. 사회 보험료를 누락하면 직원들의 복지에 문제가 생기고, 법적 문제로 이어질 수 있습니다.

〈2024년 대한민국 4대 보험 요율표〉

대한민국의 건강 보험 요율은 정기적으로 조정되며, 현재 적용되는 건강 보험료율은 2024년 기준으로 다음과 같습니다. 건강 보험료는 직장 가입자와 지역 가입자로 나뉘며, 요율이 다르게 적용됩니다.

회사에 돈이 없는 이유

보험 종류	보험료율	가입자 부담 비율	사업주 부담 비율	비고
국민연금	9.00%	4.50%	4.50%	근로자와 사업주가 반씩 부담
건강 보험	7.82%	3.91%	3.91%	직장 가입자 기준, 지역 가입자에 따라 다름
고용 보험	1.60%	0.80%	0.80%	근로자와 사업주가 반씩 부담
산재 보험	0.80%	-	0.80%	사업주 전액 부담

〈4대 보험 체납 시 사업주 제재〉

4대 보험은 국민연금, 건강 보험, 고용 보험, 산재 보험을 포함하며, 이들 보험료를 체납할 경우 사업주와 관련된 다양한 법적 제재가 있습니다.

따라서 4대 보험을 근로자 소득 지급 시 원천 징수하여 보험 공단에 적기에 납부해야 합니다.

보험 종류	체납 시 제재 사항
국민연금	- 체납금 추징: 체납된 보험료에 대한 납부 요구 - 이자: 체납 기간 동안의 연체 이자 부과 - 사업 정지 명령: 장기 체납 시 사업 정지 명령 - 신용도 하락: 신용 정보에 체납 정보 등록으로 신용도 하락 - 법적 조치: 법적 소송을 통한 체납금 회수
건강 보험	- 체납금 추징: 체납된 보험료에 대한 납부 요구 - 이자: 체납 기간 동안의 연체 이자 부과 - 사업 정지 명령: 장기 체납 시 사업 정지 명령 - 신용도 하락: 신용 정보에 체납 정보 등록으로 신용도 하락 - 법적 조치: 법적 소송을 통한 체납금 회수
고용 보험	- 체납금 추징: 체납된 보험료에 대한 납부 요구 - 이자: 체납 기간 동안의 연체 이자 부과 - 사업 정지 명령: 장기 체납 시 사업 정지 명령 - 신용도 하락: 신용 정보에 체납 정보 등록으로 신용도 하락 - 법적 조치: 법적 소송을 통한 체납금 회수
산재 보험	- 체납금 추징: 체납된 보험료에 대한 납부 요구 - 이자: 체납 기간 동안의 연체 이자 부과 - 사업 정지 명령: 장기 체납 시 사업 정지 명령 - 신용도 하락: 신용 정보에 체납 정보 등록으로 신용도 하락 - 법적 조치: 법적 소송을 통한 체납금 회수

회사에 돈이 없는 이유

| 5 |

양도 소득세, 증권 거래세
그리고 취득·등록세

사업을 경영하는 경영자는 부동산이나 동산을 양도하거나 취득할 때 항상 이에 따라다니는 세금을 인지하고 자진 신고 납부해야 합니다. 위낙 세법의 양이 방대하고 자주 개정되므로 자산을 취득과 양도할 때는 전문가와 사전에 상담하길 추천합니다.

1) 양도 소득세

양도 소득세는 자산의 양도로 인한 이익에 대해 부과되는 세금입니다. 자산을 양도한 경우 양도자가 양도 소득세를 신고 납부해야 합니다.

· **양도 소득세의 개념:** 자산 양도 시 발생하는 이익에 대한 세금. 예를 들어, G 씨가 부동산을 매각하여 1억 원의 양도 소득이 발생한 경우, 이에 대한 양도 소득세를 납부해야 합니다. 세율은 종합 소득세율과 같습니다.

2) 증권 거래세

증권 거래세는 주식 거래에 부과되는 세금이므로 주식을 양도한 경우 양도자가 증권 거래세를 신고 납부해야 합니다.

증권의 종류에 따라 0.15%~0.3%까지 세율의 차이가 있습니다.

시장 구분	증권 거래세율(매도 금액 기준)
유가 증권 시장(코스피)	0.10%
코스닥 시장	0.25%
코넥스 시장	0.10%
비상장 주식	0.45%

3) 취득 · 등록세

취득 등록세는 부동산 등의 취득과 등록에 부과되는 세금이며 재산 별로 세율이 다르게 구성되어 있습니다.

- **취득 · 등록세의 개념:** 부동산 취득 시 납부해야 하는 세금. H 씨가 아파트를 구매할 때 취득세와 등록세를 납부해야 합니다.
- **취득세 중과:** 부동산 거래 시 특정 조건에 따라 일반 취득세율보다 높은 세율을 적용하는 것을 의미합니다. 중과 세율은 정부의 부동 산 정책에 따라 조정될 수 있으며, 일반적으로 다주택자나 특정 지역의 부동산 거래를 억제하기 위해 적용됩니다. 따라서 특정 부동

회사에 돈이 없는 이유

산을 취득하기 전에 전문가와 상담하는 것을 추천합니다.

· **중과 세율:**

조정 대상 지역 내 2주택 이상 보유자: 기본 세율에 8%포인트 추가

조정 대상 지역 외 3주택 이상 보유자: 기본 세율에 12%포인트 추가

법인의 경우: 기본 세율에 12%포인트 추가

| 6 |

조세 문제로 인한 법적 분쟁과 해결 사례

　J기업은 소득세 신고 과정에서 일부 소득을 누락하여 세무 당국과 법적 분쟁을 겪게 되었습니다. 문제의 원인은 세법에 대한 이해 부족과 부정확한 회계 처리였습니다. J기업은 회계 처리 과정에서 일부 소득을 누락했고, 이는 세무 조사에서 드러나 문제가 되었습니다.

　이 문제를 해결하기 위해 J기업은 세무 전문가의 도움을 받았습니다. 세무 전문가의 조언에 따라 J기업은 수정 신고를 하고, 추가로 납부해야 할 세금을 정산하여 문제를 해결할 수 있었습니다. 이 과정에서 J기업은 세법 준수의 중요성을 깨닫게 되었고, 앞으로 정확한 소득세 신고를 위해 더 신중히 대처하게 되었습니다.

| 7 |

조세 규정 준수로 인한 비용 절감 사례

    K기업은 세법을 철저히 준수하여 세무 조사에서 큰 문제 없이 면제된 사례를 보여 줍니다. 이 기업은 세금 신고를 정확히 하고 철저한 회계 관리를 통해 신고 불성실 가산세를 절감하였습니다.

    정확한 세금 신고와 철저한 회계 관리는 K기업이 추가적인 가산세를 피할 수 있게 했습니다. 이로 인해 불필요한 비용을 절감하고, 세무 조사에서도 문제가 발생하지 않았습니다. K기업의 사례는 조세 규정을 정확히 준수하는 것이 얼마나 중요한지를 잘 보여 줍니다.

    이를 통해 기업들은 세법 준수와 정확한 회계 관리의 중요성을 깨닫고, 조세 규정을 철저히 준수함으로써 비용 절감과 법적 문제를 피할 수 있다는 교훈을 얻을 수 있습니다.

| 8 |

세전 이익으로 동업자와 수익을
배분하여 낭패를 본 사례

    L기업은 세전 이익으로 수익을 배분하여 예상치 못한 세금 문제가 발생한 사례입니다. L기업은 세금을 이해하지 못한 채 세전 이익을 동업자와 배분하기로 약속하였습니다.

    프로젝트가 성공적으로 마무리되었지만 세후 이익을 배분하는 과정에서 큰 문제가 되었습니다.

    이 문제의 원인은 세법에 대한 이해 부족이었습니다. L기업은 세금 문제를 간과하고 세전 이익으로 5억 원의 배당을 약속하였지만 실제 배당금은 세후 3억 원 정도였습니다.

    동업자는 3억 원밖에 배당을 받을 거였으면 애초에 동업을 하지 않았다라며 동업 계약의 무효를 주장하였습니다.

    이 사례는 세법을 이해한 상태에서 동업 계약을 체결해야 하는 중요성을 잘 보여 줍니다. 세금 문제를 예방하기 위해서는 세후 이익을 기준으로 현금 배분하는 것이 중요하며, 이를 통해 예상치 못한 분쟁을 피할 수 있다는 교훈을 제공합니다.

결산은 잠시 멈춰진
숫자에 불과하다

기업은 성장하기 위해서 수많은 거래를 만든다. 거래를 모아 한눈에 알기 쉽게 만드는 작업을 결산이라고 하며, 이를 바라보는 관점에 따라 해석은 크게 달라질 수 있다.

경영자는 회사의 성장과 효율성을 중시하고, 국세청은 세법 준수를 강조하며, 금융 감독원은 재무 건전성과 투자자 보호를 중시한다.

투자자는 미래 성장 가능성을 평가하고, 직원들은 회사의 안정성과 비전을 본다.

이처럼 결산은 다양한 이해관계자들에게 중요한 정보를 제공하며, 각자의 목적과 관점에 따라 다양한 결론을 도출할 수 있다.

회사에 돈이 없는 이유

목적에 따라 달라지는 결산법

1) 경영자 기준 결산(관리 회계)

경영자와 내부 관리자가 내부 의사 결정과 성과 평가를 위해 사용하는 회계. 비용 관리와 예산 수립, 성과 평가 등에 중점을 둡니다.

2) 세무사와 국세청 기준 결산(세무 회계)

세무사는 세법 준수를 위해 결산을 합니다. 국세청의 기준에 맞추어 법인세, 부가 가치세, 소득세 등의 세금 계산과 신고를 정확하게 하기 위해 필요한 자료를 준비합니다. 국세청의 목적은 정확한 세금 징수와 탈세 방지이기 때문에, 세무사의 결산은 주로 세법에 맞춘 세금 최적화와 정확성에 초점이 맞춰져 있습니다.

세법은 권리의무 확정주의를 추종합니다.

3) 회계사와 금융 감독원 기준 결산(재무 회계)

　반면, 회계사는 주로 금융 감독원의 기준에 따라 결산을 합니다. 금융 감독원의 목적은 기업의 재무 상태를 정확하게 파악하고, 투자자 및 기타 이해관계자에게 신뢰할 수 있는 정보를 제공하는 것입니다. 따라서 회계사의 결산은 재무제표를 통해 기업의 재무 상태, 손익 계산, 자본 변동, 현금 흐름 등을 투명하게 나타내는 데 중점을 둡니다.

　회계 기준은 발생주의를 추종합니다.

　　　　　　　　　　　　　회사에 돈이 없는 이유

구분	관리 회계(경영자)	세무 회계(국세청)	재무 회계(금감원)
목적	내부 경영 의사 결정 지원	세법 준수를 위한 정확한 세금 신고와 납부	투자자 및 이해관계자에게 정확한 재무 정보 제공
보고 대상	경영자, 내부 관리자	국세청, 세무사	금융감독원, 투자자, 채권자, 회계사
중점 사항	비용 관리, 예산 수립, 성과 평가, 전략 계획	법인세, 부가 가치세, 소득세 등의 세금 계산과 신고	재무 상태, 손익 계산, 자본 변동, 현금 흐름
주요 보고서	내부 관리 보고서, 예산 보고서, 성과 보고서	세무 신고서(법인세 신고서, 부가 가치세 신고서 등)	재무제표(재무 상태표, 손익 계산서, 자본 변동표, 현금 흐름표)
기간	월간, 분기별, 연간	연간, 분기별(세무 신고 기간에 맞춤)	연간, 분기별
법적 요구	법적 요구 없음, 회사 내부 정책에 따라 결정	세법에 따른 엄격한 법적 요구	회계 기준(K-IFRS, K-GAAP 등)에 따른 법적 요구
예시	특정 제품의 생산 비용 분석, 부서별 성과 평가, 예산 대비 실적 분석	법인세 신고 시 R&D 비용 공제 여부 검토, 세금 환급 신청	분기별 재무제표 공시, 투자자에게 재무 정보 제공, 재무 건전성 평가
목적	효율성, 성과, 비용 절감, 내부 의사 결정	법적 준수, 세금 최적화, 정확성	신뢰성, 투명성, 공정성

| 2 |

경영자가 세무사와 회계사를
맹신하면 안 되는 이유

    기업이 재무 상태를 파악하고 올바른 경영 결정을 내리기 위해 결산은 매우 중요합니다. 그러나 세무사와 회계사의 역할에 대한 이해 부족으로 인해 발생할 수 있는 문제들을 경계할 필요가 있습니다. 세무사는 주로 국세청의 기준에 따라 결산을 하고, 회계사는 금융 감독원의 기준에 따라 결산을 합니다. 각각의 목적과 중점 사항이 다르기 때문에 경영자는 이들을 맹신하기보다는 회사 자체적으로 결산을 통해 내부 경영 의사 결정을 내려야 합니다.

    세무사와 회계사의 결산은 각각 국세청과 금융 감독원의 기준에 맞추어져 있습니다. 이는 법적 준수와 외부 이해관계자에게 필요한 정보를 제공하는 데는 효과적일 수 있지만, 내부 경영 의사 결정에는 반드시 충분한 정보를 제공하지 않을 수 있습니다.

    예를 들어 경영자의 머릿속에서는 제품을 공급하기로 하는 계약을 체결한 경우 매출이라고 인식을 합니다.

    회계 기준은 발생주의로 제품을 출고한 경우 매출이라고 인식을 합니다.

반면 세법 기준은 권리의무 확정주의로 제품이 소비자에게 도달하여 세금 계산서를 발행한 경우 매출이라고 인식을 합니다.

이러한 이유로 경영자가 세무사와 회계사의 결산 결과를 맹신하면 내부 경영 의사 결정에 필요한 중요한 정보를 놓칠 수 있습니다. 따라서 경영자는 세무사와 회계사의 의견을 참고하되, 내부 결산을 통해 회사의 운영 상태와 전략적 목표를 정확히 파악하고 의사 결정을 내려야 합니다. 이는 회사의 장기적인 성장과 성공을 보장하는 중요한 요소입니다.

| 3 |

내부 경영 의사 결정을 위한
회사 자체 결산의 중요성

경영자는 정확한 내부 경영 의사 결정을 내리기 위해 회사 자체적으로 결산을 수행해야 합니다. 내부 결산은 회사의 전략적 목표와 운영 효율성을 반영한 맞춤형 정보를 제공할 수 있습니다. 다음은 내부 결산의 중요성을 강조하는 몇 가지 이유입니다.

1) 맞춤형 정보 제공

내부 결산을 통해 경영자는 회사의 특정 부서나 제품 라인의 성과를 상세히 분석할 수 있습니다. 이는 비용 절감, 효율성 개선, 투자 결정 등에 필요한 정확한 정보를 제공합니다.

2) 신속한 의사 결정

내부 결산은 경영자가 필요할 때마다 빠르게 수행할 수 있으며, 이를 통해 신속한 의사 결정을 내릴 수 있습니다. 예를 들어, 월별 결산을 통해 경영자는 실시간으로 회사의 재무 상태를 파악하고 필요한 조치를 즉각적으로 취할 수 있습니다.

3) 전략적 계획 수립

내부 결산을 통해 경영자는 장기적인 성장 전략을 수립할 수 있습니다. 이는 외부 이해관계자에게 필요한 정보뿐만 아니라, 회사 내부의 운영 효율성 및 전략적 목표 달성을 위한 구체적인 계획을 세우는 데 도움을 줍니다.

4) 위험 관리

내부 결산은 회사의 잠재적 위험을 조기에 발견하고 대응할 수 있는 기회를 제공합니다. 예를 들어, 특정 부서의 비용이 예상보다 많이 증가한 경우 이를 빠르게 인지하고 원인을 분석하여 해결할 수 있습니다.

5) 성과 평가

내부 결산을 통해 각 부서나 팀의 성과를 정확히 평가할 수 있습니다. 이는 인센티브 제공, 인력 배치, 교육 및 훈련 프로그램 등 인적 자원 관리에 중요한 역할을 합니다.

회사에 돈이 없는 이유

| 4 |

결산 분석을 통한 재무 전략 수립 사례

A사는 전자 제품을 제조하는 중견기업으로, 최근 몇 년 동안 공격적인 확장을 위해 많은 대출을 받았습니다. 이로 인해 매출은 늘었지만 금융 비용이 급증하여 회사의 순이익은 오히려 줄어들었습니다. 경영진은 이 문제를 해결하기 위해 결산 분석을 실시했습니다.

결산 분석을 통해 A사는 매출이 전년 대비 12% 증가했음을 확인했습니다. 이는 신제품 출시와 해외 시장 확대가 주된 원인이었습니다. 그러나 매출 증가에도 불구하고, 판매관리비(판관비)가 18% 증가했으며, 이는 주로 R&D와 마케팅 비용의 증가 때문이었습니다. 특히, 판관비에는 실제로 금융 비용과 관련된 항목이 잘못 분류되어 있었습니다.

이익 분석에서는 영업 이익률이 전년 대비 소폭 감소했고, 순이익은 대출로 인한 금융 비용 증가로 인해 기대에 미치지 못했습니다. 현금 흐름 분석에서는 영업 활동으로 인한 현금 흐름은 긍정적이었지만, 투자 활동으로 인한 현금 유출이 많았으며, 금융 활동으로 인한 현금 유출은 주로 대출 이자 상환으로 인해 크게 증가한 것을 확인했습니다.

결산 분석을 통해 A사는 금융 비용 증가와 비용 분류 오류라는 두 가지 주요 문제를 파악했습니다. 대출로 인한 이자 비용이 크게 증가하여 순이익 감소의 주요 원인이 되었으며, 일부 금융 비용이 판관비로 잘못 분류되어 정확한 재무 상태 파악이 어려웠습니다.

이를 해결하기 위해 경영진은 먼저 판관비에 잘못 분류된 영업 외 비용(대출 이자 비용)을 금융 비용 항목으로 재분류했습니다. 이를 통해 실제 영업 활동 비용과 금융 비용을 명확히 구분하여 재무제표의 투명성을 높였습니다. 또한, 금융 비용 절감을 위해 대출 구조를 재조정하여 이자율이 높은 대출을 상환하거나 낮은 이자율의 대출로 대환했습니다. 비핵심 자산을 매각하여 확보한 현금으로 일부 대출을 상환하고, 운영 자금 관리 강화를 통해 현금 유동성을 개선했습니다.

이러한 전략 실행 결과, A사는 판관비에 잘못 포함된 대출 이자 비용을 정확히 금융 비용으로 재분류함으로써 실제 운영 비용과 금융 비용을 명확히 구분했습니다. 이자율이 높은 대출을 상환하고, 낮은 이자율의 대출로 대환하여 연간 금융 비용을 15% 절감했습니다. 또한, 비핵심 자산 매각을 통해 확보한 현금을 통해 대출 상환을 진행하여 부채 비율을 10% 감소시켰습니다. 운영 자금 관리를 강화하여 영업 활동으로 인한 현금 흐름을 20% 증가시켰습니다.

결국, A사는 결산 분석을 통해 판관비에 잘못 분류된 영업 외 비용을 적절히 재분류하고, 이를 통해 금융 비용을 절감하는 데 성공했습니다. 이로 인해 회사의 순이익이 증가하고 재무 상태가 개선되었습니다. 이 사례는 결산 분석이 기업의 재무 상태를 정확히 파악하고, 비용을 효율적으로 관리하는 데 얼마나 중요한 역할을 하는지를 잘 보여 줍니다.

리스크는 대부분
현실로 다가온다

최근 코로나19 사태는 전 세계적으로 기업들이 직면한 가장 큰 비즈니스 리스크 중 하나로, 이를 통해 비즈니스 리스크를 사전에 파악하고 대응 방안을 마련하는 것이 얼마나 중요한지를 명확히 보여 줍니다. 코로나19 팬데믹은 전 세계적으로 급격히 확산되었고, 이는 예측 불가능한 외부 충격으로 작용했습니다. 많은 기업들이 이러한 팬데믹 상황을 예측하지 못했기 때문에 초기 대응에 어려움을 겪었습니다. 공장 가동 중단, 글로벌 공급망 차질, 소비자 수요 급감 등이 대표적인 영향이었습니다. 기업이 예측 불가능한 외부 충격에 대비할 수 있는 비상 계획을 가지고 있다면, 초기 충격을 최소화하고 빠르게 대응할 수 있습니다. 이는 사업의 연속성을 유지하고 손실을 줄이는 데 매우 중요합니다. 코로나19는 전통적인 업무 방식과 경영 전략의 변화를 요구했습니다. 재택근무, 비대면 서비스, 디지털 전환 등 새로운 운영 방식이 필요하게 되었습니다. 이를 빠르게 도입하지 못한 기업들은 경쟁에서 뒤처지게 되었습니다. 기업이 다양한 시나리오를 미리 예측하고 유연한 경영 및 운영 전략을 마련해 두었다면, 변화하는 상황에 신속하게 적응할 수 있습니다. 이는 기업의 생존과 경쟁력 유지에 필수적입니다. 팬데믹으로 인해 글로벌 공급망이 크게 흔들렸습니다. 많은 기업들이 원자재 및 부품 수급에 어려움을 겪었고, 이는 생산 차질로 이어졌습니다. 특히, 단일 공급망에 의존하던 기업들은 큰 타격을 입었습니다. 다각화된 공급망 전략을 마련해 두면, 특정 공급망이 중단되더라도 대체 공급망을 통해 운영을 지속할 수 있습니다. 이는 기업의 안정적인 생산과 제품 공급을 보장합니다. 많은 기업들이 팬데믹으로 인한 매출 감소와 비용 증가로 재무적인 어려움을 겪었습니다. 일부 기업들은 현금 유동성 부족으로 파산에 이르기도 했습니다. 재무 건전성을 유지하고 비상 자금을 확보하는 것은 비즈니스 리스크 관리의 핵심입니다. 이를 통해 예상치 못한 상황에서도 지속적인 운영이 가능하며, 위기 상황에서의 신속한 대응을 지원합니다. 팬데믹 동안 많은 기업들이 고객과의 접점을 잃거나, 서비스 품질 저하로 고객 신뢰를 잃는 사례가 발생했습니다. 반면, 비대면 서비스와 온라인 채널을 강화한 기업들은 오히려 고객 기반을 확대했습니다. 고객과의 지속적인 관계 유지는 리스크 상황에서도 중요한 경쟁력입니다. 이를 위해 다양한 고객 접점과 커뮤니케이션 채널을 마련하고, 고객의 요구에 신속히 대응할 수 있는 체계를 구축해야 합니다.

| 1 |

종류별 리스크 정의와 관리 전략

리스크 영역	정의	관리 전략
오너 리스크	오너 리스크는 기업의 소유주나 최고 경영진의 결정이나 행동이 기업에 미치는 리스크를 말합니다. 이는 소유주 개인의 문제, 경영진의 일관성 없는 결정, 그리고 비윤리적인 행동 등이 포함됩니다.	투명한 의사 결정 거버넌스: 경영진의 결정 과정에서 투명성을 유지하고 주요 이해관계자와의 소통 강화.

· 전문가 참여: 중요한 결정 시 외부 전문가의 의견을 청취하여 편향된 결정을 방지

· 리더십 교육: 지속적인 리더십 교육을 통해 경영진의 역량 강화

· 인적 자원 측면 : 인적 자원 리스크는 직원들의 이직, 사기 저하, 역량 부족 등이 기업에 미치는 리스크를 의미합니다. 이는 기업의 생산성 저하, 고객 서비스 질 하락, 그리고 혁신 능력 저하로 이어질 수 있습니다.

· 직원 만족도 조사: 정기적으로 직원 만족도를 조사하고 개선 방안을 모색

- 교육 및 훈련: 직원 역량 강화를 위한 지속적인 교육 및 훈련 제공
- 이직 방지: 경쟁력 있는 보상 패키지와 경력 개발 기회 제공
- 경쟁사 및 협력사와 측면: 경쟁사와의 경쟁, 협력사와의 관계 악화 등이 기업에 미치는 리스크를 의미합니다. 이는 시장 점유율 감소, 원자재 공급 문제, 그리고 협력사의 부도 등으로 인한 생산 차질을 초래할 수 있습니다.
- 경쟁사 분석: 정기적인 경쟁사 분석을 통해 시장 트렌드와 경쟁 전략 파악
- 협력사 관리: 협력사와의 긴밀한 관계 유지를 위해 정기적인 소통 및 협력 강화
- 계약 관리: 협력사와의 계약을 명확하게 작성하고, 주기적인 검토를 통해 리스크 최소화
- 법 규제 측면: 대한민국의 네거티브 규제 체계는 원칙적으로 허용하되, 명시적으로 금지된 것만 제한하는 규제 방식입니다. 이는 기업 활동의 자유를 보장하지만, 동시에 예측하지 못한 규제 변화로 인한 리스크를 내포하고 있습니다.
- 법 규제 모니터링: 법 규제 변화에 대한 지속적인 모니터링과 이에 대한 대응 계획 수립
- 법률 전문가 활용: 법률 전문가의 조언을 통해 규제 준수와 리스크 관리
- 준법 경영: 전사적 준법 경영 시스템 구축 및 운영

- 시장 환경 변화 측면: 팬데믹, 기술 발전 등 외부 시장 환경의 변화가 기업에 미치는 리스크를 의미합니다. 이러한 변화는 기업의 운영 방식, 고객의 요구, 그리고 시장 트렌드에 큰 영향을 미칠 수 있습니다.
- 시나리오 플래닝: 다양한 시나리오를 가정하고 이에 대한 대응 전략 수립
- 기술 투자: AI, 디지털 전환 등 최신 기술에 대한 투자와 도입
- 유연한 경영: 급변하는 시장 환경에 대응할 수 있는 유연한 조직 구조와 경영 전략 수립

회사에 돈이 없는 이유

| 2 |

리스크 관리 실패 사례

• 노키아(Nokia)의 스마트폰 시장 환경 변화 대응 실패

한때 세계 휴대전화 시장을 장악했던 노키아는 2000년대 중반 스마트폰 시장의 급격한 변화를 제대로 인식하지 못했습니다. 애플과 구글이 스마트폰 운영 체제에서 혁신을 이루고 있었지만, 노키아는 자사의 기존 피처폰 사업에 지나치게 의존했고, 시장의 변화를 적시에 반영하지 못했습니다. 리스크 관리 실패로 인해 노키아는 급격히 시장 점유율을 잃었고, 2013년 마이크로소프트에 휴대전화 부문을 매각하는 데 이르렀습니다. 한때 세계 최대 휴대전화 제조사였던 노키아는 이 사건으로 인해 스마트폰 시장에서 완전히 밀려나게 되었으며, 기업 가치는 급락했습니다.

• WeWork의 오너 리스크

WeWork는 공동 작업 공간을 제공하는 스타트업으로, 창업자인 애덤 뉴먼(Adam Neumann) CEO의 카리스마와 비전에 의해 빠르게 성

장했습니다. 뉴먼은 WeWork를 단순한 부동산 회사가 아닌, '커뮤니티를 혁신하는 기업'으로 포지셔닝하며 전 세계적으로 사업을 확장했습니다. 회사는 거대한 가치를 평가받으며 IPO(기업공개)를 준비했지만, 이 과정에서 심각한 오너 리스크가 드러나기 시작했습니다.

애덤 뉴먼은 회사 자산을 개인적인 용도로 사용하는 등 부적절한 경영 행위를 했습니다. 예를 들어, 그는 WeWork의 일부 상표를 개인 명의로 등록하고, 이를 회사에 고액으로 재판매하는 등의 행동을 했습니다. 이러한 행동은 투자자와 이사회에 큰 불신을 초래했습니다. 뉴먼은 WeWork에서 강력한 의사 결정 권한을 가지고 있었으며, 이사회나 다른 경영진의 견제를 거의 받지 않았습니다. 그의 독단적인 경영 스타일은 기업 지배 구조의 심각한 문제로 부각되었고, 투자자들은 이러한 구조가 회사의 장기적인 안정성과 투명성을 해칠 수 있다고 우려했습니다. WeWork는 2019년 상장을 준비했지만, IPO 서류 공개 후 뉴먼의 경영 방식과 회사의 불안정한 재무 상태가 드러나면서 투자자들의 신뢰를 잃었습니다. 결국 WeWork는 IPO를 철회해야 했으며, 뉴먼은 CEO 자리에서 물러나게 되었습니다. WeWork의 IPO 실패는 회사 가치를 급격히 하락시켰으며, 투자자들은 수십억 달러의 손실을 입었습니다. 회사는 대규모 구조 조정을 실시해야 했고, 사업 확장 계획도 대폭 축소되었습니다. 또한, 이 사건은 오너 리스크 관리의 중요성을 강조하는 대표적인 사례로 남게 되었습니다. WeWork는 이후 새로운 경영진하에 재정비를 시도했지만, 여전히 과거의 실수로 인해 회복에 어려움을 겪고 있습니다.

• 협력사 리스크 관리 실패 사례
: 보잉 737 맥스(Boeing 737 MAX) 사태

보잉은 전 세계 항공기 제조업체 중 하나로, 737 맥스(MAX) 모델은 회사의 주요 상업용 항공기 라인업 중 하나였습니다. 이 모델은 연료 효율성을 높이고 운영 비용을 절감하기 위해 새롭게 설계된 엔진을 탑재하여 시장에 출시되었습니다. 그러나 보잉은 이 항공기를 설계하고 제조하는 과정에서 협력사 관리에 심각한 문제를 겪었습니다.

보잉은 여러 협력사와의 계약을 통해 737 맥스의 부품을 조달했습니다. 그러나 부품 품질 관리에 대한 감독이 부족했으며, 특히 항공기의 자동 조종 시스템(MCAS)과 관련된 소프트웨어에서 결함이 발생했습니다. 이 시스템은 항공기가 비정상적인 각도로 상승할 때 자동으로 기수를 낮추도록 설계되었지만, 소프트웨어 결함으로 인해 오작동을 일으켰습니다. 보잉은 협력사로부터 받은 부품과 시스템을 통합하는 과정에서 제대로 된 검증 절차를 거치지 않았습니다. 또한, 협력사들 간의 원활한 커뮤니케이션과 조정이 이루어지지 않아 설계 및 제조 과정에서의 오류가 충분히 점검되지 못했습니다. 이는 최종 제품의 품질에 심각한 영향을 미쳤습니다. 보잉은 협력사로부터 제공된 시스템과 부품에 대한 철저한 안전 테스트를 진행하지 않았고, FAA(미국 연방 항공청)와의 인증 과정에서도 결함을 충분히 인지하지 못했습니다. 이로 인해 항공기의 안전성이 제대로 검증되지 않은 상태로 상용화되었습니다. 2018년과 2019년에 발생한 두 차례의 치명적인 항공기 추락 사고(라이온 에어 610편, 에티오피아 항공 302편)로 인해 346명의 승객과 승무원이 사망했습니다. 사고 조사 결과, 보잉 737 맥스의 MCAS 시스템이 오작동하여 사고를 유발한 것으로 밝혀졌습니다. 이 사건으로 인해 보잉은 전 세계적으로 737 맥스 기종의 운항이 중단되었으며, 보잉은 대규모 리콜과 생산 중단, 그리고 수십억 달러에 달하는 비용을 지불해야 했습니다. 또한, 보잉의 평판과 신뢰도는 크게 하락했고, 항공기 시장에서의 경쟁력에도 큰 타격을 입었습니다.

리스크 관리 성공 사례

• 존슨 앤 존슨(J&J) 타이레놀 사태

  1982년, 시카고 지역에서 존슨 앤 존슨의 타이레놀 캡슐에 독극물인 시안화물이 주입되어 7명이 사망하는 사건이 발생했습니다. 이는 회사에 대한 소비자 신뢰를 무너뜨릴 수 있는 심각한 리스크로 간주되었습니다. 하지만 존슨 앤 존슨은 신속하고 투명한 대응을 통해 리스크를 효과적으로 관리했습니다. 회사는 즉시 타이레놀 제품을 전국에서 전량 회수하고, 고객들에게 반품을 권장했습니다. 또한, 회사는 새로운 안전 패키징을 도입하여 이후 유사한 사고가 발생하지 않도록 했습니다.

  존슨 앤 존슨의 빠르고 책임 있는 대응은 소비자들의 신뢰를 회복시켰습니다. 이러한 대응 덕분에 타이레놀은 사건 후에도 시장에서의 위치를 유지할 수 있었고, 결국 존슨 앤 존슨은 기업 이미지와 브랜드 신뢰를 강화하는 데 성공했습니다. 이 사건은 위기 상황에서의 신속하고 투명한 대응의 중요성을 보여 주는 대표적인 사례로 남아 있습니다.

• 도요타(Toyota) 리콜 사태

2009년과 2010년, 도요타는 가속 페달 결함으로 인해 대규모 리콜 사태를 겪었습니다. 이 문제로 인해 전 세계에서 약 900만 대의 차량이 리콜되었습니다. 초기에는 이 사건이 도요타의 명성에 큰 타격을 줄 것으로 예상되었으나, 도요타는 신속하고 철저한 리콜 조치와 품질 개선 노력을 통해 리스크를 성공적으로 관리했습니다.

· **성공 요인:** 도요타는 리콜 과정에서 소비자 안전을 최우선으로 두고, 문제 해결을 위해 전사적인 노력을 기울였습니다. 또한, 고객 서비스와 커뮤니케이션을 강화하고, 품질 관리를 전면 재점검했습니다. 이러한 노력 덕분에 도요타는 소비자 신뢰를 회복할 수 있었으며, 사건 이후에도 자동차 산업의 리더로서의 지위를 유지했습니다.

• 마이크로소프트(Microsoft)의 클라우드 전환

· **리스크 관리 성공:** 2010년대 초반, 마이크로소프트는 소프트웨어 중심의 전통적인 비즈니스 모델에서 클라우드 컴퓨팅으로의 전환이라는 큰 리스크를 관리해야 했습니다. 당시 클라우드 시장은 빠르게 성장하고 있었지만, 기존의 오피스 소프트웨어 매출에 의존하고 있던 마이크로소프트에게는 큰 도전이었습니다. CEO 사티아 나델라의 리더십하에, 마이크로소프트는 '클라우드 우선(Cloud First)' 전략을 도입하여 성공적인 전환을 이루었습니다.

· **성공 요인:** 마이크로소프트는 클라우드 컴퓨팅의 성장 가능성을
인식하고, 자사 제품 및 서비스를 클라우드 기반으로 전환하는 과
감한 결정을 내렸습니다. 이와 함께, 애저(Azure) 플랫폼의 성장을
촉진하고, 오피스 365 같은 구독 기반 서비스로 전환하여 지속적인
수익원을 확보했습니다. 이러한 전략적 전환 덕분에 마이크로소프
트는 새로운 시장에서의 경쟁력을 확보하며, 현재 클라우드 컴퓨
팅 분야에서 글로벌 리더로 자리매김할 수 있었습니다.

| 4 |

중소기업의 리스크 관리 방법

리스크 관리는 기업이 직면할 수 있는 다양한 위험 요소를 사전에 식별하고, 이를 예방하거나 최소화하기 위한 전략을 수립하는 과정입니다.

1) 리스크 식별

기업이 직면할 수 있는 모든 잠재적인 리스크를 식별하기 위해 내부와 외부 환경을 면밀히 분석합니다. 여기에는 재무, 운영, 시장, 법규, 기술, 인적 자원 등 다양한 측면이 포함됩니다.

2) 리스크 평가

각 리스크의 영향을 평가하고 발생 가능성을 분석합니다. 이를 통해 리스크의 우선순위를 정하고, 중요한 리스크에 자원을 집중할 수 있습

회사에 돈이 없는 이유

니다. 정량적 분석(예: 재무 손실 추정)과 정성적 분석(예: 평판 손상 가능성)을 통해 리스크의 심각성을 종합적으로 평가합니다.

3) 리스크 대응 전략 수립

- **회피:** 리스크를 피하기 위해 해당 활동을 중단하거나 변경합니다. 예를 들어, 불확실한 시장에 진입하지 않는 것이 회피 전략이 될 수 있습니다.
- **완화:** 리스크의 발생 가능성을 줄이거나 영향을 최소화하기 위해 예방 조치를 취합니다. 예를 들어, 품질 관리를 강화하거나, 추가적인 안전 조치를 도입하는 것이 포함됩니다.
- **전가:** 리스크를 제3자에게 이전합니다. 이는 보험 가입이나 계약을 통해 리스크를 전가하는 방법을 포함할 수 있습니다.
- **수용:** 리스크를 수용하고 그에 따른 손실을 감내하는 전략입니다. 이 경우, 기업은 발생 가능성이 낮거나 영향이 적은 리스크에 대해 적극적인 대응을 하지 않습니다.

4) 리스크 관리 문화 조성

경영진이 리스크 관리의 중요성을 인식하고, 적극적으로 참여해야 합니다. 리더십은 조직 내에서 리스크 관리 문화를 조성하는 데 중요한 역할을 합니다. 직원들에게 리스크 관리의 중요성을 교육하고, 이를 실천할 수 있는 역량을 배양합니다. 정기적인 훈련을 통해 리스크 발생 시 대응 능력을 강화합니다.

5) 리스크 관리 도구를 활용한 실시간 모니터링

- **리스크 관리 소프트웨어의 활용:** 빅 데이터와 인공 지능(AI)을 활용하여 리스크를 모니터링합니다. 이를 통해 리스크를 사전에 감지하고, 리스크가 발생하거나 기존 리스크가 변화할 경우, 즉각적으로 대응할 수 있도록 준비합니다.
- **정기적인 검토:** 리스크 관리 프로세스를 정기적으로 검토하고, 필요시 개선합니다. 시장 변화, 규제 변화, 조직 내부 변화 등을 반영하여 리스크 관리 계획을 업데이트합니다.

이러한 요령들을 통해 기업은 리스크를 보다 효과적으로 관리하고, 예상치 못한 위기에 대비할 수 있습니다. 리스크 관리가 잘 이루어지면 기업의 안정성과 지속 가능성이 강화되며, 장기적인 성공을 이루는 데 중요한 기반이 됩니다.

이 책의 마지막 장을 마치며, 우리는 리더들이 직면한 과제와 도전의 가능성을 다시금 되새겨 봅니다. 치열한 경쟁 속에서도 혁신과 열

정으로 시장을 개척해 나가는 중소기업들은 우리 경제의 든든한 버팀
목입니다.

지속 가능한 성장은 하루아침에 이루어지지 않습니다.

그것은 끊임없는 노력과 현명한 선택, 그리고 실패에서 배우려는 의
지에서 비롯됩니다.

우리가 나아가는 길에는 언제나 불확실성과 변화가 함께할 것입니
다. 그러나 그 속에서 리스크를 받아들이고, 기회를 포착하며, 함께 일
하는 사람들과 신뢰를 쌓아 가는 과정을 통해 중소기업은 더 큰 성장
을 이루어 낼 수 있습니다.

작은 성공이 쌓여 큰 성과를 이루듯, 작은 기업들이 모여 한 나라의
경제를 지탱하는 큰 힘이 됩니다.

이 책을 읽은 모든 중소기업 경영자와 직원들이 지속 가능하고, 끊
임없이 성장하는 미래를 만들어 가기를 기원합니다.

여러분의 꿈이 현실이 되는 그날까지,

성장의 여정에 함께하는 모든 분들께 존경과 감사의 마음을 전하며,

무한한 가능성과 성장을 향한 길에서 언제나 행운이 함께하길 바랍
니다.

회사에
돈이 없는 이유

© 문지성, 2025

초판 1쇄 발행 2025년 2월 1일

지은이   문지성
펴낸이   이기봉
편집   좋은땅 편집팀
펴낸곳   도서출판 좋은땅
주소   서울특별시 마포구 양화로12길 26 지월드빌딩 (서교동 395-7)
전화   02)374-8616~7
팩스   02)374-8614
이메일   gworldbook@naver.com
홈페이지   www.g-world.co.kr

ISBN   979-11-388-3954-9 (03320)